石附 実

教育における比較と旅

東信堂

はしがき

本書は、大きく分けて二つの部分から成っている。初めの第Ⅰ部は、教育を比較の観点から考察したものである。そのうち、まず、教育研究の中で、教育を比較の面から究明し、また国際関係の流れの方面からも検討する「比較・国際教育学」という領域があるが、その性格と役割、あるいは将来的なあり方などについて筆者なりの考えを述べた。つづいて、事例の一つとして、アジアにおける教育改革の動向について概観的に検討した。のち、さらに、これも具体的な事例研究として、近代日本の教育の形成過程とその特質を、外国との比較ということを考慮におきながら、明らかにしてみようと試みた。その際、近代から現代、さらに将来に及ぶ日本の教育とくに学校教育のあり方が、固定から流動へ進んできたこと、また、流動化に向かって変化してゆくべきことについて触れた。

第Ⅱ部は、その流動という問題を、とくに旅という事柄に絞って、その教育的意義を巡り、いくつかの側面にわたって考究することにした。いつの頃からか、筆者は、旅と教育というテーマに関心をもち、いろいろな機会に、その両者のかかわりについて検討を重ねてきた。「旅と教育」、「旅の教育学」の各章で、旅のもつ教育的意義をさまざまな角度から論及し、とくに、その途上性という性格に、人間形成および人間のあり方そのものに大きな意味をもつことを明らかにしようとした。そして、その途上性から、とらわれと執着を離脱することの必要性に注目し、多少、旅から離れるようだが、『老子』、良寛、佛教などについて、それぞれの章で取り上げて検討してみた。さらにそのあと、西洋における旅行教育論の系譜をたどり、あわせて、日本の幕末明治初期の海外留学の一端に触れ、その一つの事例として新島襄の場合を紹介することにした。

この書物は、そうした、比較と流動とりわけ旅に関連する問題について、筆者がこれまでに書いた論稿を選んで集成し、編んでみたものである。もとより体系的な論述とは言えないが、筆者なりに、有機的つながりはあると思っている。このたび、かなり以前のものも含む旧稿とわりに新しい稿とを土台にして、大幅に書き加えたり、修正を施して成ったものである。すべて、大学や学会の紀要、雑誌、国際シンポジュウムの報告書などに載せた論文である。それぞれ、独立の機会に書いたものであるため、部分的に重複しているところもあるが、これはご寛恕願いたい。また、二つの国際シンポジュウムの場合は、外国人の研究者、教員たちを相手にした内容なので、日本人読者にとっては周知のことも多いと思うが、この点もあわせてお許し頂ければ幸いである。

必ずしもよくまとまっているとは言えないが、こうしたテーマと内容に興味や関心をおもちの皆さんにとって、この書物が多少でも知的刺戟になったり、お役に立つことがあるとすれば、著者として嬉しく思う。

最後に、各章の元になった論稿の収録に際し、転載を快諾頂いた各出版社、関係各位のご厚意に謝意を表する。巻末に、初出一覧を付した。また、東信堂の下田勝司社長ほか同社のスタッフの方々にも、たいへんお世話になった。あわせて心からの御礼を申し上げたい。

二〇〇五年二月

京都 北山　石附 実

目次／教育における比較と旅

教育における比較と旅

I 教育の比較と近代日本の教育

第一章　教育の比較

1　比較・国際教育学の視角

近年は、教育学の各分野においても、国際化と世界化の傾向が顕著である。教育のさまざまな課題の解決やあるべき姿の探究において、諸外国の場合と比較したり、あるいは世界的流れと関連して検討したりすることが、ますます盛んになってきている。もともと、ものごとを比較するとか他者とのかかわりのなかで認識するということは、その当のものを客観的に把握するためであり、実証の大切な方途である。比較は、人間の思考においてはもちろん、学問の方法として、当然に、不可欠なものといえる。

じっさい、西洋の一八世紀後半から一九世紀の前半にかけて、人間と文化をより広く捉えようとして、世界的広がりで、多様な個性的あり方を比較し、実証的に、普遍の原理を究めようとする潮流も生まれた。J・ヘルダーやゲーテ等に代表されるドイツ人文主義も、また、一九世紀の初めから八〇年代に至る間に登場した比較宗教学、比較言語学、比較文学ほかの比較諸学も、そうした流れの現われにほかならない。M・ジュリアンによる比較教育学の出発も、比較を通しての教育の科学への願いに基づくものであった。

比較ということについては、フランスのM・ウルセルの『比較哲学』(*La Philosophie Comparée*, 一九二三年。小林忠秀訳、宝蔵館、一九九七年)がたいへん参考になる。この書物はかなり前、戦時中に英訳から翻訳されたものがあり、筆者なども今から四〇年前に比較教育学を勉強し始めた頃、比較というものの手がかりを求めて熱心に読んだ思い出の書の一つである。それが、近年、新たにフランス語の原著からきわめて読みやすい訳として出た。ウルセルは、『西欧の没落』(一九一八〜二二年)を書いたO・シュペングラーなどとともに、二〇世紀に入ってから、とくに第一次世界大戦を境にして、それまでの西洋中心あるいは西洋を普遍とする考え方の限界、つまりヨーロッパのキリスト教文化の唯一絶対性への反省の気運のなかで、非西洋とくにアジアへの関心を高めた。そして、世界の文化の相対的な見方の必要性を説き、西洋とアジア(インドと中国)の文化の比較研究を進めたのである。その成果が『比較哲学』であり、これは近代における文化比較の名著の一冊といえる。

ウルセルの場合、文化の実証的把握の方法として比較を強調し、とりわけ歴史的な比較による認識の大切さを説いている。「およそ比較とは、同一性を手がかりとして、その相の下に多様性を解釈することである」とし、「実証哲学は比較哲学である」という認識に基づき、「人間は歴史のなかにおいてでなければ、自分自身を客観的に認識することはできない」ものであり、「客観性はつねに相対性から帰結する」のであると書いている(1)。つまり、人間とその文化の歴史的な比較すなわち相対的、客観的な実証によって、多様性を認識することができるとしているのである。文化というものは人間のあり方の総体であり、それぞれに個性があり、独自性がある。それら個性や独自性は歴史的に積み重ねられ刻み込まれてきたものであることからすれば、文化の比較において、歴史的な観点は確かに不可欠である。

教育も、文化の重要な一つの要素ないし領域であり、その客観的、相対的把握のための比較においては、歴史的な側面からの検討がやはり大切なことになる。文化の伝達と創造という役割なり機能を果たすのが教育そのものであり、教育は本質的に歴史的な性格を担っており、歴史的形成物でもあるからだ。この歴史的な観点からの比較という点については、あとでまた触れることにして、今ここでは、比較が実証の大事な方途であることを改めて強調しておきたい。

日本における教育学の各領域でも、初めにもいったように、最近は、いろいろな問題の究明や解決のために、各国の場合との比較が盛んに試みられてきている。教育の制度、組織や行政、運営から、理念、思想、さらには方法、内容ほか、学校、家庭、社会、教員、子どもたちなどをめぐるさまざまな今日的課題やテーマに迫る際に、外国と比べて、その異同を見極め、そこからなんらかの解決への糸口を探ろうとするからである。これまでにも、比較教育学以外の教育学の各分野で国際比較研究が進められてきた。たとえば、『世界の子ども文化』（岩田慶治編、創元社、一九八七年）などという好著もあったし、そのほかにも、理科教育とか学校給食の国際比較の調査・研究の書物もあった。また、新しいところでは、これもほんの一例だが、『世界のいじめ』（森田洋司総監修、金子書房、一九九八年）という書物もある。それぞれテーマや課題の究明にあって、広く世界を眺め、国際的視野の下で行なった比較研究の成果といえよう。とくに『世界のいじめ』は日本と諸外国のスケールの大きい国際共同研究をまとめたものであり、たいへん注目すべき比較研究の産物である。いじめの世界的現況と日本の場合の特質の把握が目指されており、示唆するところが多い。これらの比較研究には、もちろん一部の比較教育研究者たちも加わっているのもあるが、おおむねは比較教育学以外の分野の人びとによる研究の所産である。

他方、かんじんの比較教育学の研究者たちによる比較研究はどうか。これについての最近の概観の一つとして、馬越徹教授による目配りのゆきとどいた整理がある（「比較・国際教育学研究の現在」、石附実編『比較・国際教育学』、東信堂、一九九六年、所収）。そこには、日本とアメリカ、ヨーロッパ、アジアなど各地域との比較のほか、多国間の比較といった主に地域単位の比較研究、さらに、問題ないし課題ごとの各国比較研究、そして教育の国際関係史の方面についての研究等、各般の分野にわたっての主要な業績の紹介がある。これら「比較」研究のほか、各国や各地域の教育そのものに焦点を当てたいわば教育の地域研究についても、代表的な書物を挙げて、それぞれ適切なコメントを以ての展望がなされている。

それら個々の具体的な研究の成果については今ここで繰り返さないが、これまでの日本における比較教育学研究の特徴は、筆者の見るところ、どちらかといえば、「比較」研究より「地域」研究の方が圧倒的に多く、換言すれば、「比較教育学」より「外国教育学」としての性格が強かったように思う。そのことは、比較教育学会の毎年の発表内容や学会紀要の論文についてもいえるし、また、今までに著わされてきた何冊かの「比較教育学」の名を冠した書物の場合にも見られる。ともにいずれも、○○国の△△についてといった特定の国や地域の教育を紹介したり分析、検討することに集中したものが多い。『比較教育学』という標題の概説的な書物にあっても、おおむねは、各国・地域の教育の並置的な説明と紹介つまり「地域」研究の結果をヨコに並べるかたちの構成であり、残念ながら、「比較」は必ずしも積極的、意図的に行なわれていない。

国や地域（この「地域」ということばは、ここでは、国際的に必ずしも全面的に認められていないが事実上独立国である台湾とか、一つの国の中でいくつかに分かれている民族集団の文化的まとまり、また、国の枠を越えて共通の文化共同体を成している主に宗教を同じくしている文化圏などを含んでいる）の教育を比較するということは、確かにむずかしい。個々の具体的な問題やテーマの場合はもちろん、全体的、包括的な観点からの相互の比較ということになればなおさら容易ではない。けれども、「比較教育学」である以上、比較を抜きにすることはありえない。地域研究として特定の国・地域に集中するにあたっても、本来的に「比較」はあるわけだし、また、つねに自覚的に「比較する」という意識なり心がまえがなければなるまい。そうでなければ、わざわざ「比較教育学」を名乗る意味はないし、教育学の他の領域はもちろん、教育そのものに対しても、貢献が乏しいものになってしまう。したがって、比較とはどうあるべきなのか、比較によってなにを明らかにしようとするのか、ということについてつねに再思三省することが必要である。

なお、比較の前提なり基礎として、各国・地域の教育についての研究の広がりと深まりが大事であることはいうまでもない。近年の日本の比較教育学界の研究動向を見ると、とくに若い世代の研究者たちが、積極的に海外へ赴き、現地でのフィールド調査や情報収集を精力的に行なう傾向が顕著になってきているが、これは地域研究として当然なことであり、喜ばしい傾向といえる。そうした実地との深いかかわりを通した着実な調査・研究の積み重ねによってこそ、日本の比較教育学の広がりも深まりも、豊かなものとなる。

この「広がり」という点について、一言つけ加えておきたいことがある。それは、地域研究の対象である。明治以来、教育学では、ほかのたとえば歴史学などと同じように、世界を西洋（欧米）・東洋（アジア）・日本と三つに分け、しかもその三分割にあっても、互いのあいだにおけるヨコの関係は軽視され、また、それら以外の地域たとえばアフリカ・中南米・オセアニアはほとんど視野に入らず世界像からは脱落していた。いわば円い地球を三角でしか見ないような地理的偏りがあった。しかし近年は、幸いなことに、国・地域間の相互関係や交流に対しても活発な関心が寄せられ、さらに、アフリカ、オセアニアを対象とする研究も増えてきた。とくに、これまで北半球中心の傾向が強かった比較教育学に対して、まさにオールラウンドないしグローバルな広がりと厚みを目指して、とりわけオセアニア地域の研究が盛り上がりつつある。たとえば、笹森健教授の主宰のもとで従来から進められてきたオーストラリア研究会が、一九九三(平成五)年、オセアニア教育学会として発展的に改められ、名実ともに、研究の対象の拡大と内容の充実を図ろうとして発足したことなども、その現われのひとつといえよう。

さて、そうした研究対象の地理的な広がりとそれぞれの国・地域の教育についての研究の深まりによって、比較も真に中身のあるものとなりうる。しっかりとした比較教育学は着実な地域研究を基にして、初めて成り立つ。そして、その地域研究は、当然のことであるが、タテとヨコつまり歴史的検討と国際的相互関係の究明の二つの側面が必要である。すなわち、それぞれの国・地域の現にある教育の実態なり、特質は、前にも述べたように、あくまで歴史的につくり上げられてきたものであり、また、同時代的な国際関係では外国との直接、間接さまざまな出会いと触れ合いからの影響もある。

したがって、比較教育学は、「並置」的に比較することと「関係」の側面を究明することとが不可欠となる。その両者を相即、一体的に結びつけて研究を進める必要があろう。とくに、この「関係」が強調されなければならないのは、時代の進展とともに、教育の国際化と世界化がますます拡大、深化の勢いをつよめてゆくからである。ここでいう国際化（インターナショナリゼーション）とは、諸国・地域の相互のあいだにおける接触と交流の増進のことであり、世界化とは地球化（グローバリゼーション）つまり地球レベルでの人類の課題の共通化を意味する。

その教育の国際化には、大きく分けて、二つの側面がある。まず、一つは教育のあり方の国際化であり、もう一つは国際化への教育である。前者は、いうまでもなく、教育における人・モノ・情報の国際的流動の促進と拡大である。留学や教育、研究の国際的伝播と交流はもちろん、開発（援助）教育などにもわたる。他方、後者は世界の中の国・地域のあいだの相互依存の高まり、ボーダレス化の時代に向けての教育であり、具体的には国際理解教育や多文化教育などを指す。そしてまた、さきの世界化、地球化の教育は、右の国際化への教育とも深くかかわるが、国・地域の境や枠を越えた人類共通の普遍的課題、つまりこの地球に生きる人間の生存と安寧そして繁栄のための教育である。いずれにせよ、教育の国際化は今後ますます進展し、比較教育学における研究の広がりと重みは格段に大きなものとなろう。

事実、今日、日本の大学にあって、学科組織名でも授業の科目名でも、国際教育、国際教育論などの類が増えている。比較教育学という名のものより教育上のニーズは多いようにすら思う。学会の名前としても、アメリカでは比較国際教育学会(Comparative and International Education Society, CIES, 一九六五年からInternational の語が加えられた)となっている。なおまた、日本の場合も、教育の国際関係についての歴史的、今日的問題の両方はもちろん、それらと関わりの深い対外開発教育の研究は、並置比較研究や地域研究に勝るとも劣らない格段の進展があり、このところ優れた業績も数々生まれてきている。

したがって、我が国の場合も、このへんで学問のカテゴリーとして、比較教育学ははっきり比較・国際教育学へと、発展的に改め、名実ともに拡大を図った方がよいと、筆者は考えている。学問と研究そのものの基本的スタンスとして、並置研究と関係研究が一体としてあるべき比較・国際教育学というものをつねに念頭に置いておくことが肝要なのである。マルセルの比較哲学については先に触れたが、彼の場合はあくまで東西両洋の哲学や基本的価値体系を並置させての比較であり、両者相互の間における交渉とか伝播、影響といったヨコの流動への注目はない。いうなら相互接触ぬきの比較学に留まっている。教育の実態の把握においては、単にそうした類型的な並置による対比や比較だけでは不十分である。なぜなら、教育というものは本質的にあくまで実践と結びついており、人間とその文化の創造的改進のための方途だからである。その改進をめざし、教育の制度・内容・方法その他いわば教育のシステムの改革と発展のために、外国との各様の関係を通して、刺激や影響を受ける。教育の国際関係は、歴史的にも、今日的にも、それぞれの国・地域の教育の形成と展開にとって重要な要素であり力なのである。

最後に、そうした比較・国際教育学について、筆者なりの定義をしてみれば、「世界の国や文化圏（この「文化圏」は既述の「地域」と同じ意味で使う）における教育を、歴史的、現代的な視点から、比較し、また、それぞれの間のさまざまな関係や、国、文化圏を越える世界（地球）的な関係などを明らかにし、教育の本質的なあり方を究めようとする学問である」としておきたい。この表現はまだ必ずしも十分ではないかもしれないが、筆者のいいたいことは大体つくされている。

なおこの際、二つの点に触れておきたい。まず第一は、「比較」にあっても「国際」にあっても、研究者自らの属する国つまり自国の教育についてしっかりとした認識をもっていることが、なにより も大切だという点である。日本人としての自覚と誇りをもつのは当然であり、国の文化、教育について、外に対して自らを語れなければならない。そうでなければ、わざわざ日本人として外国や世界の教育を研究する意味も価値も乏しくなる。だから大事なのは、ある外国の教育について調べたり紹介したりするにしても、他のどこかの国と比較するにしても、つねに日本の教育のことが頭の中になければならない。それによって初めて確かな研究も生まれてくる。教育そのものも、教育学や比較・国際教育学も、国際化のなかでしっかりと存立してゆくためには、国際の「国」はあくまで基礎的な母体として確かに存在していることが不可欠なのである。「国」がなければ、空想的、観念的な世界単一主義か実体のない宇宙普遍主義でしかない。制度としての教育は国を離れてはありえない。

第二に、比較・国際教育学の「国際教育学」についてである。これの英語は international education である。アメリカでは、この言葉は一九六〇年代から盛んに使われ、また、途上国へのさまざまな教育援助、開発教育などを柱とする活動も展開された。ケネディの平和部隊政策などもそれであった。のち、今日に至っても教育の対外的活動と国際交流の推進の勢いはますます大きなものになってきている。しかし、アメリカの比較教育の研究者たちのほぼ共通的な特徴は international education ということばを、教育の国際関係の推進・拡大に向けての実践なり実態と捉えている傾きが強い。この点について、筆者は、今から三〇年前に出した小冊（『国際化への教育』、ミネルヴァ書房、一九七四年）でかつて述べたことがあるが、国際教育はあくまで実態であり、その実態を批判的に研究するものとしての学問すなわち国際教育学は別でなければならず、両者を峻別することが大事だとした。比較教育学は比較教育でもよく、「学」の字の有る無しはそれほど大した問題ではないが、国際教育学と国際教育とははっきり異なる。なぜなら、比較教育という教育の実践は無いが国際教育は実践であり実態であるからだ。かつて、二宮皓教授らのグループが欧米における比較・国際教育学関係の学術誌五種類のなかから主要な論文を選んで訳出し、『九〇年代における比較・国際教育学研究の動向』（広島大学・比較教育学研究室、一九九八年）としてまとめられたことがある。たいへん便利でよい資料となるものである。それに収録された論考などを見ても、おおむね、比較教育学は科学的、理論的研究、他方の国際教育学（この訳語は、おそらく international education だと思うが、国際教育と国際教育学を学問的に区別してそれぞれの関係を、まさに批判的に吟味してみることが、われわれ日本の研究者としての出番のはずである）は記述的、応用的なもの、としているようだ。こうした分け方はあまりにも機械的に過ぎる。というよりも、現実なり現に在る状態をそのまま安易かつ無批判的に学問の領域のなかへ入れ込むことになり、客観、実証を通して普遍を目指す学問の正しいあり方とはならない。

では、比較・国際教育学は、教育学はもとより教育そのものにして、いかなる貢献を行ないどのような役割を果たすことができるのか。まず第一は、いうまでもなく、外国や世界の教育情報の提供である。その「教育」の中身や範囲は学校の内外を含むあらゆる教育の事象が含まれようし、また、具体的な細かい事項から国・地域ごとの大きな枠組みに至るまでに及び、さらには、さまざまな教育の国際関係の現実と理想をめぐる諸問題にもわたるであろう。第二には、比較と関係の観点から、国の境や文化の壁の接点に立って、自他の教育を相対的に見る視点をもたらしうる。つまり、教育の多様、多元なあり方を、いわば複眼的に見て考えることができる。相対的に見ることによって、ある国・地域ではあたりまえの「常識」と思われていることも、ほかの国・地域では「非常識」である、といったことがわかってくる。ものごとの真の姿を知るとか理解するためには、なるべく多くの角度や視点から迫ることが大事である。

しかしながら、今挙げたような諸点は、教育学の他の領域でも同じようにいえる。たびたび触れたように、どの教育学の分野であっても、外国や世界の教育との比較や関係については、多かれ少なかれ、また直接、間接いずれであれ、これまでも調査・研究がなされてきたし、これからもますます盛んに進められていくことであろう。

とすると、比較・国際教育学の存在の理由なり意義は、もっと別のところにあるのではないか。それを、筆者は、教育の全体像に対する包括的な把握の仕方と呼んでおきたいと思う。すなわち、対象とする国・地域の教育を究明するにあたって、その教育があくまで一つの全体を成し、それなりに完結して生きている生命体である、という認識をもつことが肝要である。たとえ、個々の細かな、あるいは部分的な課題や事項の究明であっても、つねにその国・地域の教育の歴史的、社会的、文化的その他、さまざまな要素から織りなされる基本的特徴つまり全体像の把握を志し、そのためには、ひろく包括的な視野を以て接近することが大事なのである。

包括的把握とは、つねに全体像とのかかわりを忘れないということだが、さらにそれを分けて考えると、そこに二つの側面があるように思う。一つはまさに全体性であり、他の一つは関連性である。まず、全体性とは、対象とする国・地域の教育を部分的・細分的に狭く見るのではなく、全体的な広がりで捉えようとすることであり、また、表面的でなく基底的な特性にもたえず目を向けることでもある。つまり、総体としての教育像に迫ろうとすることである。次に、関連性とは、検討しようとする事項なり問題が他のさまざまな要素なり問題などともかかわっているものであり、教育の各部分はあくまで全体として有機的なつながりがある、ということである。このつながりを考えることは、まさに関連への知的構想力に俟つものであろう。

この全体性と関連性にたえず留意しつつ、当の国・地域の教育を包括的に理解しようとすることは、要するに、はっきりとして表に現われて見えるものだけでなく裏に隠れて見えないものも考え、また、表面的なものと基底的なもの、形式的なものと実質的なもの、などを合わせて多面的に検討するということにほかならない。たとえば、制度、政策などを取り上げる際もそれらを支える文化的背景としての気風とかエートスにまで考察の幅を広げる必要があろう。その場合、当の国・地域の日常の生活文化とのかかわりで、なるべく身近で具体的な側面から切り込むことも肝要である。

その方法の一つとして、筆者は、「教育風俗」の比較ということを提唱してきた。これは教育を文化の広がりで捉える試みであり、先に述べたように、法律や規則による制度、組織とか、政治体制、イデオロギーといったいわば上からの観念的かつ作為的な側面から教育を把握するのではなく、歴史的に下から生まれ伝えられ、人びとの生活文化のなかに根づいている教育の実態そのものから迫ろうとするものである。教育風俗ということばは少し奇異な感じを与えるかもしれないが、ある集団、時代に特徴的な教育の現実的日常生活に見られるならわし、といった意味であり、要は、学校の内外で広く営まれている教育の実像を捉えようとする一助としての概念である。

仮に、たとえば学校の時間割というものを考えてみる。それは教育風俗とくに学校の文化における空間的な側面と時間的側面のうち、後者の大きな柱である。もともとこの時間割とか時間表ということば（time table）は、西洋では、一八二〇年代から三〇年代にかけての鉄道の開通の時代から生まれたもののようである。そして、教育の歴史を考えてみても、学校教育の大衆化、量的拡大が見られ始めるのがちょうどそのころであり、たとえば、イギリスの場合、およそ一八〇〇年ころにおけるベルやランカスターらによるモニトリアル・システムの登場、そののち一八三三年からの教育への国家関与の開始など、教育の組織化の面における近代化への出発の時期である。だから、教育の近代化つまり能率化と組織化の時間的な表現のひとつが時間割にほかならない。日本の場合は、一八七二（明治五）年の「学制」からの近代教育の開始とともに時間割が一般化した。

時間割は、そのように教育の大量化と効率化のための方途であり、タテ（年間、学期、一日の開校の長さ、年齢など）とヨコ（教科・科目などカリキュラム）における組織化の基本的な要素である。そしてまた、それは、教育の形態すなわち、一斉授業か学力・興味などによるグループ別の学習か、教師と生徒が教室に固定的に動かないかそれとも時間ごとに柔軟に移動するのか、といった学校内においての流動性の問題とも関係する。と同時に、空間的な側面たとえば学校建築、教室の構造とレイアウト、机の配置の仕方等とも関連をもつ。さらに、時間割を規定する要因なり条件としてはたらくものには、それぞれの国・地域における学校観（学校を家庭、社会とならぶ教育分業の一つの場として限定的に考えるか、それとも家庭や社会の教育をも取り込み、教育集中の場として見るのか、前者の場合、時間割の一日の長さは当然短く、後者の場合はおのずから長くなる）、あるいは時間概念（生活のリズムはもちろん、ゆったりかきっちりかといったパンクチャリティにかかわる問題も含めて）などがある。

時間割を包括的に捉えようとするには、そうした各般の広がりからの比較が求められるであろう。そしてまた、たとえば近代教育の成立の時代、世界の主要国において義務教育による国民的広がりの制度が形成された一八五〇年代から七〇年代の間は、国々の間で互いに教育情報を求めあい、影響しあう国際的な流動が活発であった。だから、右に挙げたような教育観とか時間観念といった国内的要因の「比較」とともに、対外的な教育「関係」の側面の検討、究明も必要なのである。

教育という営みは、人間そのものがそうであるように、あくまで多面的、全体的なものであり、けっして、分割的、部分的に見たり扱ったりはできない。比較と関係の両面から迫ろうとする比較・国際教育学は、したがって、より自覚的、意識的に包括的、総合大観的な立場から臨まなければならないのである。

教育を部分として狭く見ることから、とかく量化や序列化のみに陥り、本来、比較できないものまで比較しようとすることになりがちである。知識の量とか形式だけの学歴といった数量的な比較の尺度だけでは意味がない。それ以外に、個性や多様な能力の発揮の程度を見る、もっといろいろな多くの尺度をも考慮に入れなければならない。

この教育比較における包括的な観点からの接近ということについて、筆者はかねてから強調しているが（たとえば『教育の比較文化誌』、玉川大学出版部、一九九五年などをご参照いただくとありがたい）、ごく最近は、西洋の方でもほぼ同じような主張が出てきはじめたようだ。一、二の例だけ挙げるにとどめるが、J・ブルーナーの『教育の文化』(*The Culture of Education*, 一九九六年)とかM・ヘイデンらの論文集『国際教育』(*International Education*, 一九九八年)などが注目される。前者は教育への心理・文化的接近であり、ときに「民俗教育学」(folk pedagogy)ということばも使いながら、教育に対する広い文化的な側面からの解明の必要性を説いている。また、後者のほうにあっても、ある論者は学校に対する全体的接近(A Whole School Approach)ということを主張している。もっとも、ブルーナーの所説には神話・絵画・言語から日常の慣習に至るまでの広い言及はあるが、教育の文化、筆者のことばでいえば教育風俗に関する体系的な説明は乏しい。そして、あとの『国際教育』も、直接の対象は国際学校と国際理解教育であり、必ずしも教育比較への関心が全面にでているものではない。けれども、ともに教育を、それを支える広い文化的背景から考察しようとしている点は大いに参考となる。

こうした包括的な立場ということは、ひとり比較・国際教育学にとって大事であるだけでなく、教育学はもちろん、近代から現代に及ぶ教育そのもののあり方にも、不可欠なところである。すなわち、人間とその教育を部分的、細分的に見たり扱ったり、あるいは分析したりする、近代を特徴づけた主要な立場と方法からの離脱こそが、今求められているのである。

包括性とか統合性の復権への道を探り、たどってゆくにあたっては、もともと部分の分割的分析を中心としてきた西洋近代の教育学と教育そのもののあり方を乗り越え、むしろ包摂と調和を重んじてきた日本の歴史的伝統と個性にこそ、ふたたびその知的エネルギーの源泉を求めることが大切なのではないか。そのためには、古代から外来文化を活発に導入し巧みにそれらを生かしてきた歴史、和魂漢才から和魂洋才、「東洋道徳西洋芸術」へと系譜の続いた東西両洋調和論の思想史、さらには、たとえば茶室の「空き屋」（すきや）に象徴的な簡素さと包容性に代表される日本の生活文化、空と因縁を強調し、生きとし生けるものことごとく佛性ありと普遍の共同世界を説く佛教など、すべての部分を生かし包み入れて全体の調和的共存のあり方を旨とする、我が国の文明史的個性への回帰を志すことが不可欠と思われる。そうした知的努力によってこそ、初めて、現代および未来における、日本と世界の教育、さらには教育学と比較・国際教育学に対する貢献への道も拓かれていくであろう。

2　アジアの教育改革

今日における世界の教育改革は、国によってさまざまな課題があり、その解決に向けた目標・施策・手法も各般の多様性がある。それらの改革の背景には、科学技術の急速な進歩、それに伴う産業の発達と経済の活性化、さらには、国際化の進展の中での国家間の競争の激化と競争力の強化、そして、他方では地球環境の保全と世界平和の実現のための国家間の共存と協力、といった諸要因がある。

現代の教育改革の潮流は、西洋や日本の場合、すでに八〇年代半ばから始まった。アメリカでは八三年に教育の危機的現状を打開し、世界的な威信を高めるために、政府の報告書『危機に立つ国家』が出され、九四年には「二〇〇〇年の目標・アメリカ教育法」へとつながった。国民の知的レベルアップを図るために、教育の国家的な基準やカリキュラムの策定がなされたのである。同様にイギリスでも、サッチャー首相の時代、八八年に「教育改革法」が定められて能力主義・競争主義が強調され、ナショナル・カリキュラム制度による国家戦略として学力向上のための諸施策が開始された。同様な国家的教育改革は、フランスのミッテラン大統領による八九年の「新教育基本法」、さらには日本の八四年からの臨時教育審議会なども、そうした世界的な広がりの「新しい教育のあり方」を目ざしての改革の動きの表れであった。

では、その「新しい教育のあり方」とは何か。それは、一九世紀以来の教育運営の伝統的方式からの転換である。教育運営の様態はもともと、歴史と文化的個性の違いに基づいて多様であるが、ごく大きく見て、三つのタイプがある。まず一つは、アメリカやイギリスのように、国家（政府）が直接に介入しないで、運営の実際は、地方・民間・学校に委ねる地方・学校による自治型である。中央の政府は、情報や財政の一部に関与するにとどまることが多い。第二は、日本や中国などアジアの各国のように、教育の目標・内容・方法その他について国家が直接に関わり、地方・学校の自主性と自由があまり認められていない、いわば国家規制型である。そして第三に、前二者の中間的な性格をもつものとして、オーストラリア・ニュージーランドのように、歴史的にも今日的にも、政府・地方・学校・社会（父母ほか）による協力（パートナーシップ）の運営を旨とする協働型がある。これは、政府が教育についてのおよその目標と内容を提示し、現実的には、地方・学校・地域社会の創意と自由による運営に委ねるものである。

現代の改革では、実際に、自治型も規制型も、しだいにこの第三の協働型のタイプに移りつつあると見てよい。すなわち、前二者ともに、その点では、同じ方向に進もうとしている。つまり、自治型は、政府が国家的な目標を決めて、教育内容の統一化（ナショナル・カリキュラム）を図り、評価へも参加するなど、国家の課題・教育成果の提示と、それの実現のために、国家的レベルで教育運営に参加するシステムへ転換しようとしている。他方、規制型も、伝統的な国家集権的な画一、一元化の運営から地方・学校の自由、個性を大幅に認めて分権的な多様と柔軟性を尊重する方向へと変わろうとしている。そして、いずれの型も、当然民間活力の導入も大幅に認めようとする。また、地域住民・父兄などによる教育の目標・内容の設定、学校運営あるいは学校選択などに対する自由の保障と、評価システムへの参加が、ほぼ共通に目ざされ、実現されつつある。これが、大まかに見た場合の「新しい教育のあり方」と言える。

アジア諸国においても、各国それぞれ国家の発展のために、国民統合を図り、産業と経済の発達、社会開発を目ざして、教育の改革を進めている。国によって、改革の項目、課題の範囲の具体的な中身は、かなりの違いはあるが、ほぼ共通して見られるのは、量的な面での拡大と質的な面での向上である。そしてその量と質の進展のための方策なり実現プロセスの態勢・システムは、先に述べた改革の第三の型に依る方向を目ざしていると見てよいのではないか。

教育における量的拡大ということでは、何よりも義務教育制度の充実がある。国民の知的レベルアップこそ国家発展の基盤となるからである。法律上、義務制度の無い国（ブータン・モルディブ・ミャンマー・マレーシア。なお、シンガポールでも六年制は二〇〇三年から）、あるいは五年制（ネパール・バングラデシュほか）にとどまる国とか、六年制（フィリピン）の国もある。中国の場合も、九年の義務制の開始は八六年の「義務教育法」からであるが、全国一律ではなく、都市・沿海地域では進んでいても、内陸部の農村や遅れた地域では段階的に実施せざるをえない状況にある。

一方、アジア各国の教育の改革と開発の宿命的課題のひとつは、「格差是正へのたたかい」であろう。地域・貧富・階層・人種・民族などに存在する格差を縮め、国としての平準化に努めることが国家形成と発展の成否をかけるカギとなる。その点では、国家レベルの目標と施策、すなわち国家（政府）の主導力・リーダーシップは不可欠である。と同時に、それの実現にあたっては、大幅に各地方・学校・地域の参加と協力が期待される。

中国の例で言えば、八五年の「教育体制の改革に関する決定」という「改革・開放」を進めるための教育改革の基本的方針に、国としての「新しいあり方」がはっきり示されている。すなわち、教育行政の分権化と弾力化、市場的競争原理の導入、民間活力の利用、学校の多様化と個性化、国家の独占的運営による高等教育の開放と自由化など、中央集権による共産主義体制の大変化ともいうべき改革が行なわれている。

また韓国でも、八五年に大統領の諮問機関「教育改革審議会」が示した学校施設の現代化、教育の内容・方法の改善、優秀教員の養成・確保といった提案は、まさに変化し進展する現代に対応する教育への脱皮を促したものであった。九七年には同じく大統領諮問委員会の改革案が出され、そこには、一歩進めて教育行政の地方分権化、「学校運営委員会」という組織を通しての父母・地域住民による学校運営への参加という教育の自治のシステムが要請された。

他に、タイでも九二年に「国家教育計画」が策定され、九年の義務制、カリキュラムの刷新が企図され、十分な学力と問題解決の力をもち、国民としての権利と義務を自覚し、国と文化に誇りをもちながら、世界に貢献する人間の育成を目ざすことが強調された。この計画では、中学が義務にはなっていなかったため、それを含む九年制の実現が謳われた。タイの国家的な必要性、つまり産業化の促進という理由もあるが、この計画の二年前の九〇年三月に、タイでユネスコ・世界銀行・ユニセフなどによって開かれた世界教育会議（参加国は五〇余）で、「すべての人に教育を（Education for all）」という提言がなされ、特に義務教育・中等教育の普及が柱のひとつであったこともその背景であった。

なお、量的拡大のうち、成人への教育も重要な課題である。開発国における生涯学習の拡充、高等教育への社会人の参入などの面で、アジア各国の場合もそれぞれの状況に応じて計画・実践しているが、成人識字率の向上も不可欠の国家的な教育問題である。途上諸国の成人の非識字率は、ユネスコの統計（九五年）などを見ても、まだかなり高い国が多い。アフガニスタン・バングラデシュ・パキスタンで六〇％台であり、ブータン・インドが五〇％前後、ミャンマー・インドネシア・マレーシアが一六〜一七％などとなっている。そのうち、男女比では、国によって格差があるが、おおむね三〇％くらいの差で女性が高い(2)。

教育の質的充実の面では、国民の知的なレベルの向上のために、新しい教育目標を掲げて努力している国も多い。能力開発と創造性の育成、実力と競争の原理を大胆に打ち出す傾向が強い。たとえば中国では、「因材施教」、「超常教育」（英才児教育）などが重視され、能力主義と飛び級の制度もとられている。また、問題解決の力をつけること、つまり「創造力」の育成が、教育の柱となっている。同様にシンガポールなども、徹底した能力別のクラス編成が小学校五年くらいから行なわれている。また、小学校での英語教育も、中国の都市部や韓国・フィリピンなどで実施されている。

さらに、量と質の両方にかかわるが、アジア各国の共通の特徴のひとつとして、民族・宗教・文化の多様性をいかに包み込んで、国としての統合と発展を図るかという課題がある。特に、マレーシア（マレー・中国・インドなどの多民族国家で、言語も公用語〈国語〉のマレー語の他、英・中・タミールの各言語が通用し、宗教もイスラム教の他、佛教・ヒンドゥー教などがある）・シンガポール（人口の三分の二が中国系だが、マレー人、インド人も多く、教育も中国語・マレー語・タミール語・英語で受けることができる）の他、世界最大の多島群（一万三〇〇〇）で二五〇の地方語があるといわれるインドネシア、七つの人種と一七の言語が公認されているインドなど、民族と文化の多元的共存を、国家としてどのように達成し、発展させてゆくかが、教育の課題であり、改革の大きな目標となっている。

したがって、アジアの国々では、当然のことながら学校の内外にわたっての国家への奉仕と貢献の念を培い、国の歴史と伝統の理解や誇りをもつ愛国心の教育が強調されている。「国への教育」は、宗教についての知識・理解を踏まえて、宗教の寛容性を育て、それはやがて多文化理解につながり、究極的には国家統一に資する大事な方途となるからである。インドネシアの建国の五原則であるパンチャシラ（信仰・礼節・国家統一・民主主義・社会的公正）なども、宗教を否定する国を除いて、アジアの諸国のそうした傾向を象徴的に表現するものと見てよい。

アジアも世界も、教育の改革の具体的中身は多岐にわたる。しかし、共通して言えることは、その目標の達成とプロセスにおいて、改革の成否を決するのは、帰するところ、実際に学校という場の最前線で「改革」を担当する教員の力量である。日本の教育改革においても、「ゆとり教育」と「学力低下」、「生きる力」の考え方など、国民的広がりでの争点があり、論議されているが、やはり、要するところは、現実に教育を担当する教員の力に俟つ。

それには、教員自身が力をつけ、威信をもつことはもちろん、教員の養成制度の充実、研修システムの拡充、待遇の改善などの課題がある。そして何よりも、今日の日本に薄らいでいる「教師」への信頼と尊敬の気風を高めることが大切である。中国・韓国・タイ・シンガポールなどの各国で、「教師の日」とか「尊師の日」を設け、教員の社会的評価と尊敬の念の向上のための啓発活動が行なわれていることも参考になる。近年、日本の各県（広島・岡山・福島など）で、「教育の日」とか「教育週間」を定める動きがあるが、呼称はともかく、これら「教育」尊重の中心には、何よりも、「教師」への尊敬の精神がしっかりと位置づけられなければならないであろう。

第二章　近代日本の教育の諸相
――外国との比較から――

1　日本の教育における伝統と未来

「教育栄えて、文化は廃〔すた〕れる」ということばがある。文化というものは、いうまでもなく、それぞれの民族や国における生活の仕方や生き方の総体である。それは、合理的な面も非合理的な面も、また、はっきりと形に表われるものも表われないものも、すべてを包み込んでいる全体的なものである。

そうした文化を次の世代に伝えようとする役割をもつのが教育である。ある民族や国の文化は、むろん、時代の進展によって、多くの変化を経てゆくが、基本的な生き方の特質は、本質的に生きつづけてゆく。それが歴史的な価値であり、教育はその伝達機能を果たす。

しかし、一九世紀の半ば以降の日本の場合、いわゆる近代化の時代に入ってから、現代に至るまで、その文化や価値も、そして、それらを伝えるべき教育そのものも大きく変化した。

すなわち、西洋先進国の科学技術を中心とする「文明」のレベルに追いつき追い越すために、政治、経済、社会、教育ほか、あらゆる面での極端な合理化と組織化が進められた。その過程では、ひたすら、進歩と競争こそが主要な価値となった。当然、日常生活と結びつく、生き方の総体としての文化から離れて、機械と技術中心の文明への関心が強まり、教育は、文化から離れ、生き方を伝えることよりも、表層的なもの、つまり知識、技術の伝達を重視するようになった。こうして、初めに触れたように、教育とくに学校教育の隆盛とはうらはらに、文化の衰退が進んだのである。

たしかに、一世紀余にわたる日本の近代化は、ある面つまり「文明」においては、大きな成功をおさめた。何度かの戦争と平和を繰り返したのち、いまや経済的、技術的には、世界の最も進歩した国の一つとなった。西洋諸国との競争を意識し、進歩の正当性を確信しながら、その目標は、ある程度、達成されたのである。

しかし、われわれは、二一世紀を迎えて、その近代化の過程で失ってしまったものの大きさに、いま、改めて気づかされ始めている。人間の力を無限と確信し、「人工」を優先させ、自然に対立して、開発という名の環境の破壊を生んでしまった。また、進歩を至上とし、競争を過度に重視する人間観や社会像から、さまざまな人間性の喪失や社会的混乱を招く結果となった。

近代以後（ポスト・モダン）の時代に生きる、これからの人間にとって、そうした近代（モダン）の時代に失われた歴史的な価値、とりわけ、生き方を伝えるという教育において、とくに必要で、しかも、前近代（プリ・モダン）の時代において日常生活のなかで息づき、教育で重視された、価値に思いを致すことが大切であろう。

すなわち、自然との関係や人間相互の間において、人間というものの力の限界を常に意識する慎みや、何らかの絶対的なるものへの畏れ（日常生活はもちろん、儀礼やタブー、年中行事などにも表われる）、利己や我ままを抑え、異なる他者をも迎え入れる寛容さや思いやり、など、まさに日本の文化における伝統的な価値ともいうべき、精神的な態度を育てていくことが大事であろう。

また、日本は、西洋などと比べて、子ども文化が豊かである。すなわち、子どもの誕生以前にすでに養育の文化は始まる。胎教という、子どもが胎内に宿った時点から、子どもの健やかな出生に至るまで、母親は成育のための生理的、心理的な安定の環境を保つことに注意する。これには、多分に迷信的な内容もあったが、しかし、基本的には、今日の医学においても、その妥当性が証明されている。

さらに、誕生後から成人に至るまで、さまざまな儀礼や行事などがある。慣行や習俗としての儀礼や行事はいろいろであるが、大別して二種類のものがある。すなわち人生儀礼と年中行事である。人生儀礼には、たとえば、七・五・三というものがあり、年中行事としては、ひなまつりとか端午の節供などが、それぞれ代表的である。七・五・三とは、七歳、五歳、三歳のときに、住んでいる場所の近くの神社にお参りし、成長と健康を神に感謝し、今後の幸せを祈る儀礼である。また、ひなまつりは三月三日の女の子の行事であり、端午の節供は五月五日に行なわれる男の子の祝いの行事である。とくに五月五日は今日、「子どもの日」という名前で、国家的な祝日の一つとされている。

これら、子どもをめぐる儀礼や行事が意味するところのものは何か。一言で表現するならば、それらは日本の伝統的な「子ども尊重」という考え方の表われといえる。この「子ども尊重」の文化は、たとえば、「七歳までは神の内」とか「子宝」といった伝来の表現にもよく窺える。

一六世紀の半ばに日本にやってきた初めての西洋人である、ザビエルらイエズス会の宣教師たち以来、一九世紀に至るまで、たくさんの外国人たちが、日本の子どもとその養育の文化について、ほぼ共通に観察した結果があった。それは、日本が「子どもの天国（楽園）」であるということである。たとえば、一八世紀の教育の理想を述べた、ルソーの『エミール』の世界は、西洋よりはむしろこの日本において実現している、と観察する人たちもいた。

幕末の時期に、幕府が海軍士官の養成と訓練のために長崎につくった海軍伝習所へ招かれて教育に当たったオランダの海軍士官W・カッテンディーケ（Willem J. C. H. Kattendijke, 一八一六〜六六）も、その在日（一八五七〜五九）の記録である『長崎海軍伝習所の日々』という書物の中で、日本人の子どもの扱い方に対する特別な態度について述べている。すなわち、かれは、「日本人がその子らに与える最初の教育は、ルソーがその著『エミール』に書いているところのものによく似ている。多くの点において、その教育は推奨さるべきである」と書いている(1)。同じように、やはり幕末に来日したイギリスの外交官R・オールコック（Sir Rutherford Alcock，一八〇九〜九七）も、その著『大君の都』において、イギリスの子どもが「近代教育」によって奪われてしまった、かつての美点を、日本の子どもたちはもっていること、すなわち、日本の子どもが「自然の子」であることを強調している(2)。

「子ども尊重」あるいは「子どもの天国」という見方は、帰するところ、西洋において一般的な「人工的」養育とは異なる、日本の「自然的」な教育の伝統を表現するものである。その「自然的」という特徴は、幼児の衣の面はもとより、もっと大きくは、大人の子どもに対する関係において、西洋や東アジアの国々が、大人を中心とする文化であるのと対照的に、日本では、むしろ子どもが中心となる文化であると言ってよい特徴があることとも関係する。

中国や朝鮮半島は、もともと、ともにタテの秩序に厳格な儒教主義が徹底されていた。当然、大人の側に主体性があり、子どもはあくまで不完全な「小型の大人」として、子どもの価値とその世界の意義がそれほど認められなかったのである。その点では、両者ともに、ある意味では、西洋と似た、大人中心の社会であり、同じ儒教文化圏に属するが、名目的にはともかく、実質的には、子ども中心的な社会と言ってよい日本とはかなり異なるのである。他方、西洋では、親や大人が、神に代わって、子どもをきびしく、大人の側からの立場と強さを以て子どもに臨むのが伝統であった。もともと、子の心の中に悪がひそんでいる、という立場に立つのがユダヤ教やキリスト教の子ども観であろう。実際、旧約聖書には「鞭をくはへざる者はその子を憎むなり、子を愛する者はしきりに之をいましむ」(箴言、第一三章二四節)とあり、また、新約聖書にもそれとほぼ同じことが述べられている。たとえば「凡てわが愛する者は、我これを戒め、之を懲す。この故に、なんじ励みて悔い改めよ」(ヨハネの黙示録、第三章一九節)(3)。

このような子ども観から、たとえば古い時代に見られた、西洋の育児の伝統的風俗である巻き布(swaddling band)とか手引きひも(leading strings)なども生まれたのであった。前者は、すでに古代エジプト時代から見られた風習でもあったが、乳幼児の体を布でぐるぐる巻きにするものである。これは、体をまっすぐに伸ばし、均整のとれた発育を促すために、首から足の先まで包(くる)みしばるものだ。巻いておけば、子どもは身動きができず、じっとおとなしくしているので、親は安心していられる、とされた。もっとも、一方では、クル病への怖れとか感染を防ぐためとか、保温に効果的という理由もあったようである(4)。

しかし、ともかく、子どもは本来、活発に手足を動かし、心身ともに伸びざかりにあるものにもかかわらず、外側からしばりつけ、動きを抑え、自然な発育を人工的に型にはめ込もうとするものである。手引きひもも、やはり同じ、「人工的」育児のひとつの表われであろう。ちょうど、犬をひきまわすようなものであり、動物調教的な性格も窺われるのである。このやり方は、古い時代に、幼児をひもで支えて、ぐるぐる回転する木の棒にくくりつけて遊ばせていた風習とも結びついているだろう。

牛馬の扱いに近いのは、放牧ないし牧畜文化的な発想からの産物である。手引きひももこの木の棒も、一面では、子どもの物理的な安全の確保という保護の目的ということもむろんあるわけだが、子どもの行動と心理的な自由は大幅に抑えられたことは言うまでもない。

巻き布などと比べて、日本の、どちらかというと、ゆったりとして、風通しのよい、しかもゆるやかなひもで結ぶだけの産着（うぶぎ）を考えてみても、育児と養育における、日本の自然的な性格と、西洋の人工的な性格との違いが明らかである。

今日、必要なことは、子どもを自然の中で、しかも自然のあり方を大事にする考え方のもとで、養育し教育する、という伝統的な価値を再認識し、それを実現してゆくことである。

さらに、もう一つ、日本の教育の伝統的な価値と関わって、学校そのものについて触れておきたい。すなわち学校もまた大きく変わらなければならないということである。もともと、前近代の日本の学校は、生活全体による教育のごく一部を担当するものでしかなかった。また、人びとの教育生活は、かれら自身が決めるものでもあった。学校に対する態度もそうである。つまり、どんな学校へ行くか、いつからいつまでの何年間か、どんな中身の教育か、などはあくまで教育を受ける側が自ら決めることだった。学校は幅広い多様な教育生活（家庭、社会ほか）のほんの一部であり、また、それは学習者にとって「利用する」場でしかなかったのである。

前近代の江戸時代には、大きく分けて、サムライ学校と庶民の学校、それに、サムライと庶民の両者がともに学ぶ学校、の三つの系統があった。サムライ学校には幕府が建て運営した、いわば官立の学校として昌平黌（校）がある。これは初め、幕府当局である徳川家の直轄の部下であるサムライの教育機関であったが、やがて、それ以外のサムライの入学も許すなど、門戸を広げた。学問は、朱子学を正統とする儒学を中心とし、いわば、高等、中等のレベルの教育と研究を行なった。幕府は、この昌平黌のほか、西洋学のための開成所、西洋医学のための医学所など、範囲を拡大化した。この三つの学校は、いずれも、前近代の時期における日本の教育、学問の最高の機関として機能を果たした。

他方、もう一つのサムライ学校として、全国におよそ三〇〇近くあった藩が自らの藩のサムライたちのために、それぞれ独自に設立、運営した藩校があった。内容は、幕府の学校をモデルとし、儒学を中心とし、あわせて西洋学、とくに医学、軍事学など実用の諸学がほとんどであった。そして、ある場合には、日本の伝統的な学問である国学を含むこともあった。レベルは、だいたい中等教育の程度である。

これらサムライの学校は、あくまで入学と修学の機会をサムライという身分に限定したものであった。それに対して、庶民とともに学ぶ、いわば、封建制という身分社会の中ではやや特異な性格である、身分の差を越えた、サムライと庶民の両者がいっしょに学ぶことのできる学校もあった。それが郷校と私塾である。郷校は藩校と似た性格をもち、漢学が中心であったが、設立、入学ともに、サムライと庶民の両方の参加が見られた。もう一つ私塾の方は、有名、無名の学者や教育者たちが、儒学、洋学、国学のさまざまな分野や系統に分かれて、自分の家や他の適当な場所で教育した。教育、学問のレベルは多様であり、初等から高等のレベルまで、いろいろの学校があった。

最後に、完全な庶民の学校である寺子屋があった。これは、読み書きを主とし、あわせて算数を同時にか、あるいは独立の形で別の学校などで教えたものであり、いずれにせよ、庶民の日常の生活と密接に結びついたカリキュラムを教えた。そのレベルは初等の教育と言える。

これら江戸時代における三つの種類の学校は、共通に、それぞれの個人がしかるべき年齢や学習への準備の段階において入学し、在学の期間も、終業の時期も、かなり自由に各人が決め、学業のプロセスで相応の効果があったと判断したら、それで学校生活を終える、というのが一般的な姿であった。もともと、江戸時代つまり前近代の学校には、「卒業」という概念はなかったし、近代学校のように、全員一斉にそろっての入学や卒業もなかったのである。学習プログラムの計画と実践は、あくまで学習者の側にあった。近代において、学校の側でそれらのすべてを決定するというのとは、著しく対照的なのである(5)。

つまり、近代の学校は、いわば絶対の力をもつものであり、あらゆる教育の場と機能を集中的に独占し、人びとをそこへ「所属させる」ものであり、教育生活は学校側が決定するものとなった。

しかし今や、ポスト・モダンの時代に入っては、教育の広がりと分業化を進め、各個人の教育生活は、各人が自由かつ個性的に設計図を描き、それを実践する段階に移っている。学校も、まさに「利用する」便宜的、通過的なものへと変わる。言うならば、教育の流動化である。

このように、われわれは、教育の伝統的な価値の中身においても、また、教育が行なわれる場においても、ポスト・モダンへの展望は、プリ・モダンへの省察から始めるべきではないか。それこそまさに、生き方の総体としての文化の価値の未来への活性化ということなのである。

2　明治初期の学校の特質

明治の初期に建てられた小学校には、屋上に塔のあるものが少なくない。純然たる和風様式の学校にも見られたし、いわゆる擬洋風と呼ばれる西洋風の、ベランダや回廊付きの学校建築になると、ほとんどと言っていいくらい、それがしつらえられていた。太鼓楼ないしは単に鼓楼、あるいは鐘楼と称された塔である。

呼び名が示すとおり、そこには太鼓や、ときには鐘が吊され、学校の校時ごとにたたいたり、鳴らしたりするものであった。だが、用途はそれだけではない。学校の始業・放課の時刻を知らせるほかにも、一日に何べんか、学校近在の地域の人びとに時を告げるためのものでもあった。朝から晩までの生活のサイクルの節目を、それが示したわけである。

塔は、そのほかに、物見のやぐら、望楼としての役目も果たし、火事、天災、その他、地域内の変事のさいにも、大いに活躍した。塔に昇れば、一望のもとに、学校周辺の様子を眺めることもできたからである。そうした意味で、塔は、地域の中心としての学校という役割を、現実的に果たしたとともに、そのような役割と意義を象徴するシンボルでもあった。学校のシンボルとしての塔は、今日もよく見かけられる時計台などとして、いぜん根づよく残りつづけている。

塔のある建造物のパターンそのものは、社寺の塔とか城の天守閣、あるいは、町中に時を知らせる時鐘楼などにも見られるように、日本の建築史の伝統にもある。けれども、学校に塔を築く様式は、むろん西洋伝来のものである。西洋学校の造りは、原型的には、教会建築の様式に発する。教会は、おおむね、高くそびえる尖塔をもち、そこに鐘を吊り、やはり時や祭儀を告げる。学校も、当然、高いチャペルや時計台をもつ様式のもとに建てられることが多かった。日本の近代学校は、そのパターンを採り入れたのである。ついでに言えば、塔だけでなく、教室でおなじみの教卓や教壇も、もちろん西洋の学校からの模倣であり、さらにその源は、同じように、教会の説教台や聖壇にさかのぼるものであろう。

むろん、塔やベランダを附した擬洋風は、学校だけではなく、文明開化期における、官庁、銀行、駅舎、その他さまざまの公共建造物にも採用された。だが、とりわけ学校の塔は、あくまで学校が新しい文化の本源であり中心であることを示すシンボルとなり、近代化における学校の果たす役割を如実に示すものであった。じっさい、新たに二四時間制が採用されたり、一週間ごとの生活サイクルへの変換などにあたって、それらが一般的に普及、浸透してゆく過程で、学校が果たした役割は大きかったのである。

さらにまた、机や椅子による新しい生活の始まり、つまり従来の座る文化から立つ文化への転換、和服から洋服への変化その他、日本人の生活文化の変換において、それらを幅広い層にわたって浸透させるきっかけの一つとなったのが、とりもなおさず、学校だったのである。それだけではない。明治の初期、学校には、新聞、雑誌の縦（じゅう、ほしいまま自由に、の意味）覧所、つまり今日の公共図書館的な機能も具えられていたのである。その点では、学校こそ、地域における新しい文化を伝える情報発信のセンターでもあった。

このように、西洋の近代学校が、本源的には、教会の中から生まれ、宗教と密接不可分な関係のもとに発達したのに対して、日本の近代学校の場合には、文化の啓蒙、より広くは、行政と結びついたものとして出発したと見ることができる。学校が行政機能と結びついて発足したということは、学校が近代化の基点として注目され、活用されたという事情をものがたる。近代化はまさに学校を通して推進する、という発想だった。

初期の学校の設計図面を見ても、そのことがよくわかる。学校の建物の中に、役場や巡査詰所が同居していたり、同じ敷地に、学校、役場、警察が、一緒に配置されたりした例が多い。警察もあったので、何か悪いことをして、「学校へ引っ張られる」という表現すらあったようだ。明治の初めにおける京都府の場合などでも、そうした学校の配置が見られたし、実際、学校そのものの多目的な性格が公にうたわれていた。一八六九（明治二）年二月、府当局が市内に小学校・中学校を開設する計画を立てたとき、こんなふうな構想だった。

いま、小学校について例を挙げると、「各其町組内之児童手跡算術読書ヲ修行セシメ日ヲ定メテ儒書講釈心学道話ヲ以教ヲ施シ更ニ町組会所トシテ町組議事布令ノ告諭ヲ始メトシ判府事以下時々廻町ノ節民苦ヲ問ヒ下情ヲ聴取シ以テ上下隔絶ノ患ナク救助撫育ノ手ヲ下ス処トス依テ暴徒取押ヘノ為メ平安隊廻町之屯所人民保全ノ為メ種痘施行等ノコトモ皆此処ニ於テス」とある(6)。小学校と並んで、中学校の場合についても、おおむね、これと似たような内容のものとして説明がなされている。

右の引用からも明らかなように、小学校を京都の町組五六か所にそれぞれ一校ずつ設けようとするプランであり、各学校は、さきに言ったように、子どもの教育の場であるとともに、成人を対象とする道徳教育、集会、行政布令の伝達、官吏による民情把握、警察、衛生など、きわめて広範な諸目的を実現する、多種機能発揮の集中的施設とされたのである。実際、二年の末には、市中にこれらの学校が開設され、各町組の教育文化、行政のセンターとしての役割の発揮がみられた。

この点は、京都だけではなく、全国各地域の学校の場合にも、ほぼ共通した特徴であった。それゆえにこそ、学校には、文明開化を象徴する高価な色ガラスやステンドグラスがはめ込まれ、威風堂々と高くそそり立つ塔や、凝った装飾を施した玄関とかベランダが造られたのである。各地に今も残る

「ぎやまん［ガラス、引用者の注、以下、同じ］学校」は、開化のさきがけとしての、そうした昔日の学校の遺風を伝えるものであろう。

学校をパイプとしての近代化という路線は、急速に、しかも大幅に、西洋の先進文明を採り入れ、国家の独立の確保と発展を目ざそうとする、明治政府の当然の策だった。一九世紀中葉における中進国日本の課題は、できるだけ早く先進文明に近づくことにあった。政治と行政の組織の集権的なシステムづくり、科学・技術の導入による近代産業の開始、社会諸制度の近代化、そして何よりも、それらあらゆる部面での組織的・効率的な近代化の推進の中軸となるべき学校教育の整備が急がれた。そのために、学校あるいは学校類似の集約的訓練の場が設けられたのである。

一八七二（明治五）年の「学制」に基づく、中央政府による、各種の実業関係の学校の開設、あるいは各地方府県当局の主導によって進められた技術分野の学校の登場などのほか、文部省以外の各官省も、それぞれ多様の学校を設けた。工部省の工学寮（のち工部大学校）、司法省の明法寮、開拓使による札幌の農学校なども、その一環であった。

他方また、万国博覧会への参加や内国勧業博覧会の開催も相ついで行なわれた。いずれも、政府が積極的に音頭をとって、先進文明の技術と知識の吸収、さらに、それらの国内的な伝播と普及を図ろうとしたものである。啓蒙と教育の機能が、どの場合にも、まず何より優先的に期待され、実践されたのであった。

外国情報の把握と導入・普及のためには、このほか、お雇い外国人の活用あるいは日本人の海外派遣（視察、留学ほか）も活発に進められた。情報の収集とそれの選択において、明治政府は、きわめて意欲的だったのである。

そうした情報の収集と拡散、技術・知識の伝習と普及のパイプとして、学校という場が活用され、そこで行なわれる組織的な教育と訓練の成果を通じて、近代化を進めていこうとするものであった。

事実、近代化のパイプなり基点として学校とその教育は、多大の役割を発揮したわけだが、学校の制度づくりが急速な勢いで進められ、就学人口も飛躍的に増えていったことの背景には、いくつかの要因があった。まず、国家による指導と組織化の力を無視するわけにはいかない。言うならば、上からの力である。国家が教育制度の基本的な設計プランを立て、その基準に基づいて、各地方府県当局を介して、学校づくりを進めさせ、就学を勧説させた。

けれども、そのことは、たしかに集約的かつ効率的な方策ではあったが、当然そこに、規格化ないし画一化という弊害を伴う。それぞれの地域の事情や特殊性、あるいは各学校の個性とか独自性を無視して、何よりもまず統一的基準に合わせることが優先された。西洋、とくにイギリスの場合のように、各般の伝統と個性をもつ学校の存在を前提として、そののちに、新設の学校をも含めて、法律が、ゆるやかな枠を以て、各様の学校全体の調和と共存を図る、というあり方ではなかった。むしろ、法規によって、旧い学校も新しい学校もすべて規制され、足並みそろえて出現したり、改廃されるかたちのものとなった。だから、西洋では「まず初めに学校ありき」という特質をもつものであったのに比し、日本の場合は、「初めに法規ありき」とでも言えるような性格のものであった。これは、今日においても依然、根づよく残る、日本の教育システムの特徴でもある。法規によって、公私の学校のすべてが一律に、細かいところまで規制され、学校が、事実上、個性的な教育を行なう余地はきわめて狭められてきたのである。

ところで、一方、学校に対する国民の側からの参加も、近代日本の学校の発展を支えた大きな力であった。学校を盛り立て発展させた下からの力と言えよう。「学制」の時期の西洋諸国にあっては、義務教育の不就学にはきびしい態度で臨み、不就学者の親には罰金・入獄その他の処置をとる国々もあった。だが、日本の場合は、むろん、そうした不就学に対する罰の制度の存在は、西洋情報として知られてはいたが、その制度を採り入れることはしなかった。就学督促の手段・方法はさまざまに工夫されたが、せいぜい、役人、教師、巡査などによる、文字通り「強迫」的な勧説程度の措置にとどまるものであった(7)。

ほかに、たとえば、就学者にバッジをつけさせたり、各学校ごとに、就学率の割合の程度に応じて、違った種類の旗をつくり、それを掲げさせるなど、いろいろな工夫もこらされた。文部省が毎年、就学率の統計を公表したことなども、就学促進のためのひとつの刺激としての意味もあったであろう。いずれにせよ、個人・市町村・府県それぞれの間における、相互の競争心に訴えようとしたわけである。

就学率の急激な伸びは、そのほか、日本人の伝統的な性格特徴の一つとしての、いわば同調性によるところも少なくなかったのではないか。皆が行くから自分も行く、近所の子どもが行っているから自分の子どもも、といったたぐいの他者志向的な同調性である。個人・集団相互間の競争意識と、この同調性は、微妙に結びつき、日本の学校教育の進展はもとより、近代化そのものを推進した陰の力でもあったように思われる。それは、今日においてもなお色濃く見られる傾向でもあろう。現代における教育過熱の底流にも、おそらくそれが働いていると言えるだろう。

この競争と同調性は、すでに、明治の初年において、教育や学校が「身を立る財本」であるとキャンペーンされ、教育、とりわけ学校教育を、なにがしかの具体的なメリットと結びつけて考える学校観にも、よくあらわれていよう。学校を功利的な観点から見る、いわば「功」的学校観である。

しかし、この種の学校観も、実は明治に始まったものではない。古代の大学、国学がすでに官僚養成のための機関であったし、江戸時代のサムライ学校（昌平黌、藩校）も同様に、為政者・官僚としてのサムライの資質と能力をきたえる場でもあった。一方また、庶民教育の学校（寺子屋）でも、道徳教育はもちろん、生活に必要な知識・技能を授けるプラクティカルな教育を施したのである。そして何よりも、士庶いずれの層に対してであれ、学校というものが、風教治安、教化（きょうげ）の場として活用されたこと自体、「功」的学校観念のあらわれだったと言えるのではないか。この伝統を踏まえ、それを背景として、明治になると、国民づくりのための知識・技術の伝達、それを基にした個人の立身という、新しい「功」的学校観が生まれてきたと見ることもできる。

国家レベルであれ個人レベルであれ、教育に対して具体的効用性を求める、この「功」的学校観は、あわせて、学校の官的な性格と結びつく。もともと、スクールを「学校」という言葉であらわすこと、すなわち学に「校」を附する表現方法は、たいへん日本的のように思われる。中国でも、古来、大学・小学という制度の呼称はあるが、学「校」とする伝統はもともと無かったようだ。もちろん、礼記などには、「校」という学校表現は見えるが、史実としては存在しなかったらしい。

「校」は、校正・校訂などとしても用いられるように、ある規準に則って何ごとかを検べるという意味があり、「校」を附しての学校という表現は、国家の公的ないし官的機関といったニュアンスが強い。辞書を引いてみると、校には、①優劣をきそう、②書物の誤りを正す、③検べる、罪人に加える枷、④動物を囲う柵、⑤軍隊、といった意味がある。つまり、全体として、制約的ないしは拘束的な含意が色濃く、ある規準によって物事を規制し、秩序づけるという意味合いである。日本の学校の閉鎖的な性格、子どもと教育の囲い込み的なあり方にふさわしい意味をやどすのが、この「校」なのである。実際、たとえば、一八世紀の思想家本多利明も、『西域物語』（寛政一〇〈一七九八〉年）の中で、「学校」を検閲機関の意味で使っている(8)。いずれにせよ、「校」の観念は、学校が為政者・官当局によってつくられ、規制されるもの、という意味を帯びる。そこから、学校の主体をなすものはあくまで官・

公立のそれであって、民間・私立の学校は二義的・副次的なものとされる、官公立学校偏重の学校観も生まれた。

こうして、上からの「校」的性格と、ひたすらモノ的価値の追求に向かう「功」的性格が結びついて、学校の絶対的な性格がかたちづくられ、そこに、はなはだしい学校教育万能的な観念ももたらされた。だから、たとえば、学校への進学と卒業が、修学の中身の如何とは別に、人間評価の尺度となったり、あるいはまた、卒業がそのまま資格とも直結されたのである。

一例を挙げよう。かつて明治のころ、西洋のノーマル・スクールをモデルとして、師範学校が発足した。ノーマル・スクールはもともと私立の学校から出発したものが多く、また教員資格も、公開の試験を合格することによって与えられたのであり、右の学校での修学や卒業は必ずしも第一義的なものではなかった。ところが、日本の場合は、小学校教員の養成機関を、もっぱら官公立の師範学校に限定し、さらに試験ではなく、それらの学校の卒業者に自動的に教員資格を与えたのである。学校と、資格という「功」的メリットとの直結である。同じように、そのほかにも、特定の学校のある学科の卒業が、そのまま、一定の資格や特権と結びついていたことも少なからずあった。

学校教育の現実的な利得もあって、あたかも学校こそすべてであるかのような、学校の絶対視や学校教育への過信をもたらした。子どもも親も、学校への期待を強め、修学と進学へとかりたてられた。むろん、日本の親の教育熱心さの背景には、学校の現実的な効用を求めることばかりではあるまい。

それと深くかかわる、「子ども中心」社会とも言ってよい日本の文化的な特性もあることを考慮に入れなければならぬだろう。やりくり算段をしたり、時に親が犠牲になったりしてでも、子どもの就学や進学をまず第一に優先させるという一般的な姿は、むかしも今も変わらぬ日本の親たちの実像でもあろう。江戸時代から明治時代にわたって来日した西洋人たちがたびたび評した、「子ども天国」ニッポンのひとつの歴史的投影とも考えられる。

じっさい、たとえば言葉の使い方ひとつとってみても、日本は子ども中心的な社会であることがわかろう。テクノニミー（**teknonymy**　子どもを基準とした呼び方）と称されるものがある。子どもが生まれると、夫婦同士、あるいは第三者に対してでも、「お父さん」「お母さん」と互いに呼びあい、祖父母に対しても、「おじいさん」「おばあさん」と呼ぶ式のたぐいである。この呼び方は原始・未開社会にもあった呼称法のようだが、日本の場合、かなりこれが顕著と言える。こうした呼び方は、西洋はもちろん、中国や朝鮮半島にもないようだ。

とともに、伝統的に、日本の子どもは、よく知られているように、「七歳までは神の内」とされ、誕生から成年に至る間において、実にひんぱんな通過儀礼があった。それはつまり、子どもを聖なるものと観るイメージに由来するものであろう。西洋式のムチによるきびしいしつけや教育とは本来的に異なった、ゆるやかでソフトな養育と教育も、そのあらわれと言える。縄文・弥生時代には、子どもを葬るさい、成人の場合とは違って、特別に小さなカメに入れ、竪穴住居の入口部分に埋めたという。聖なる「子宝」の死を悼み、その再生を願ってのこととされる。こうした伝来の子ども観の流れも、「教育熱」あるいは学校教育の花ざかりをもたらす、ひとつの根づよい力ともなったのである。

このように、日本の近代学校の成立と発展には、さまざまな要因が重なりあってはたらいた。日本の近代化は、西洋の知識・技術・文物を急速に取り入れ、先進文明のレベルに到達することを目ざす道のりでもあった。殖産興業も富国強兵も、政治・社会・文化の変革と進歩も、ひたすらその設定された路線を走るためのものだった。それを能率的に進めるために、学校教育が動員されたのである。当然、その教育は、規格化が優先され、すべては量の規準によって動かされ、多様な個の発育と開花の芽はつみとられざるをえなかった。

規格化は、たとえば、教育の方法にもあらわれる。伝統的に、日本の教育は、話すこと、対話、討論、口頭の試験などよりは、もっぱら、書くこと、筆記試験を中心とする、書き言葉を主体とするものであった。学校教育における、話すことの訓練はなおざりにされてきた。一方、西洋においては、むしろ話し言葉を主軸とする教育を伝統とした。むろん、ルネサンスのころから、手紙の書き方の教育(epistolae)を主体とする書き言葉の教育の流れもあった。けれども、より大きな比重を占めたのは、話し方、討論の教育（colloquium）の方であった。対話は、もっとさかのぼれば、ソクラテス以来の西洋教育文化の基本原理ですらあった。

日本の場合、この西洋の方式を明治の初半期に採り入れ、「問答科」として小学校課程の中へ組み入れたが、結局、成功しなかった。書き言葉中心の教育システムになじめなかったのと、問答を活かす「開発」教育そのものの観念が弱かったためである。つまり、個の開発と発揮への方向とはうらはらに、単なる教育の技術ないしは手段としての問答にとどまり、形式化してしまったからである。それはまた、教育の規格化と量化の潮流とも、あいいれない性格のものだったことにもよる。

今日、日本の進路は、その目ざす標的が定かなものではなくなってきている。明治以降の近代化の道には、西洋文明というあるひとつの追いつくべき目標があった。しかし今や、量的な意味における到達目標という点では、むしろ西洋を追い越してしまったかに見える。他者志向的に設定されていた目標から、いまや自らがその進むべき道とペースを主体的に定めなければならない段階にあるのである。量から質への転換の時期にさしかかっており、モノと技術を優先させるあり方から、人間が個としての尊さと多様性を発揮して生きていくべき時代でもある。

文化そのものがそうであるとともに、究極的にそれは、教育のあり方の転換を余儀なくなされるべきものであろう。個としての人間を育て、自立の個のゆたかな共存の道を求めることが、現代における教育の課題である。そのためには、近代化の過程において果たしてきた学校教育の規格化と、教育の学校への集中、独占的なあり方への深刻な反省から再出発しなければなるまい。

日本の学校は、歴史的にも今日的にも、いろいろな意味で、きわめて閉ざされ固定的なものになっている。学校外におけるさまざまな場やメディアにおける教育機能も、しだいに増えてきているのであって、流動化と多元化の進行の著しい現代にあっては、教育の分業化も促進されているのである。学校は、決して完結した教育を施す場ではない。学校がそれぞれの個性をもった教育を行なうとともに、教育機能の独占的な機関としてではなく、教育分業の時代にふさわしい、社会に開かれた、新しい意味における、地域の文化センターとしての役割を果たす方向で、そのあり方が考え直されなければならないのではないか。開かれた学校から、開かれた個としての人間も育つのである。まさに、学校も教育も、流動化をいっそう進めなければならない。

3　学校と文化

一九九五（平成七）年の一月に発生した阪神・淡路大震災のとき、被害を受けた人びとが、まず避難したところは、近くの学校が多かった。その後、平成一六年の新潟中越地震に至るまで、各地で、毎回かの洪水、地震等の災害があったが、やはり、多くの人たちは、難を逃れて、学校へ集まった。地震の恐怖から逃れ、ひとまず息をつく場所として肩を寄せ合うようにして集まり、避難の生活をつづけたのである。阪神・淡路のときは、一説によれば、ピーク時、約三二万人の避難者のうち、二〇万人が学校へ避難したといわれる。

こうした大震災に限らず、その他の自然災害や事故のとき、一時的に安全を求める場として、近くの学校に人びとは集まる。それは、もちろん、学校が比較的に広いスペースがあり、建物もおおむね頑丈に造られていることによるものだろう。外国だったら、おそらく教会とか寺院、公会堂などといったところであろう。

学校が物理的に広く、堅固な建物であるという理由ばかりではあるまい。人びとが学校へと引き寄せられるのは、もっと心理的な背景もあるのではないか。つまり、学校はあくまで地域住民にとって、われわれのもの、というごく親しみの気持ちが強い。「母校」ということばが象徴的に示すように、日本人の学校に対する身近さと安らぎの気分は強いのである。

単に、「物理」や「心理」だけの理由にとどまらない。実際、大震災のときもそうだったが、避難所となった学校でもそうでない学校でも、教職員たちが、自分自身の被災にめげることなく、いち早く学校にかけつけ、各種の救援活動に挺身した。先生たちが、生徒やその家族の安否をたずねてまわり、避難住民への支援に活躍したことは、人びとの気持ちを落ちつかせ、避難生活をつづけるのに、大いに役立ったのである。

阪神・淡路の大震災以後、新しい学校をつくるにあたって、あらかじめ、学校が避難所となりえるように、いくつかの教室分の大ホールの場を設け、避難生活に必要な物資や食料の備蓄スペースも備える、といった建築計画も登場してきている。

日本人がそれぞれの地域の学校に対してもつ親和的な感情は、単に、災害とか事故、避難といった危機的な状況とか非日常的な突発的な事態の際ばかりではない。むしろ、ふだんの日々の学校との触れ合いと親しみの気持ちが底にある。運動会や文化祭で学校を訪れ、選挙のたびに足を運び、いろいろなサークル活動で学校へ集まることもある。日本の学校とくに小学校は地域の文化センター的な意義をもつのである。

子どもはもちろん大人たちも、さまざまな意味で、学校に思い出をもち、いろいろな機会を通して学校との結びつきを深めている。まさに地域社会の中心的な場、それが日本の学校の大きな特質といえる。ちょうど、西洋の場合、地域のセンター的機能と役割を果たすのが教会であるのと、対照的なのである。

学校が地域の中心的な場、文化的センターである、ということの特色は、じつは明治以来の伝統でもあった。今日、全国の各地に残っているいくつかの明治初期の小学校を考えてもそのことはよくわかる。

有名なところでは、静岡県磐田（いわた）市の見付（みつけ）学校（明治八年開校）、長野県松本市の開智学校（同九年）、滋賀県安土町の柳原（りゅうげん）学校（同九年）など、いずれも和洋混合の擬洋風建築でモダンな学校である。白いしっくい塗り、ガラス入り、そして何よりも、屋根の上に望楼でもある塔をのせている。塔には、もともと太鼓や鐘をぶら下げていた。

前節でも触れたことだが、塔のある学校は、学校が、まさに地域社会の中心にあるということを象徴的に示している。すなわち、塔そのものが高くそびえて人びとはそれを仰ぎ見るものであり、また塔の太鼓や鐘は時を知らせる役目を果たし、近くに住む人たちの一日の生活のリズムの基本を伝えるものだったのである。

「われらが学校」という意識と明治初年の小学校の建物上の特色（子どもと大人たちの共有の利用スペースであり、地域住民のための多目的機能があったこと）との関連については、前の節で述べたとおりである。

他方、もともと、日本でも、中国や朝鮮でも、古くは、学校というものは、学問の神を祀る儀式の場であった。学神である孔子を祀る釋奠（せきてん）の礼（春秋に行なわれる。韓国、台湾のほか日本では岡山県の閑谷〈しずたに〉学校や佐賀県の多久聖堂などでも毎年催されている）こそが主たる学校の任務であり、学習はそれに付随する形のものだった。徳川時代の三〇〇近くに及ぶ藩の学校（藩校）の場合、学習の面が強くなるが、それでもこの釋奠の礼はやはり学校として重要なイベントであることには変わりがなかった。庶民の学校である寺子屋のほうでは、学問の神は菅原道真であり、この天神様を祀る儀式が盛んであった。

学校を聖なる場とする観念は、こうした儀式を背景に強まる。そして、その「聖」は単に孔子や天神だけでなく、広い意味で捉えられるに至る。

たとえば、明治の初めの学校が、寺や神社の境内かその近くに立地される例がひんぱんだったのも、単に、社寺に広いスペースがあるから、といった物理的な理由だけではなかった。もっと、精神的、宗教的な連続性のイメージがあったからにほかなるまい。

今日でも、学校への「登校」とか「下校」といった表現が使われるし、学校への入学を「学校へ上がる」、卒業を「下がる」というふうにも言う。こうしたことばの使い方は、徳川時代における昇堂、登山（山は寺）とか、明治に入っての上校、下校といった表現がそのまま今に至るまで生きのびていることを示すものである。いずれも、学校をあくまで聖なる場所とする観念に由来するものと言える。

そして、この「聖」は明治に入って新たな「聖」へと展開した。すなわち、徳川時代以来の聖なる空間とされた学校が、明治時代にも、やはり同じ聖なる性格のものとしてつづいたのである。明治における学校は、聖から俗への大転換ではあったが、しかし、俗の次元において、新たな「聖」という意義を帯びた。つまり、前述のとおり、学校は、それぞれの地域のセンターであり、広場であり、また、開化期の行政、治安機能と密接不可分のものとして結びついて発足したのであった。新しい時代の新しい「聖」空間への転換がそこに見られたのである。

この背景には、当然のことながら、学校は政治、産業、社会、文化のあらゆる開化と進歩の源泉とされ、すべては学校から、といういわば学校万能の観念があった。ちょうど西洋の学校が、もともと、多くの場合、教会と結びつき、宗教的機能と密接に結びついて出発し、教会と並んで町や村の中心部に立地されたこととたいへん対照的なのである。

いま、全国各地で、小学校の児童が減少し、学校に空教室が増えたり、大都会では中心部の小学校が閉校されて校舎が空くことになったりしている。そうした空いている教室や校舎を使って、地域住民の文化的活動の場として活用しようとする動きが高まっているが、この動向も、伝来の地域のセンターとしての小学校の基本的性格の現代的展開の姿と言える。幼児・児童・青少年・成年・老年のさまざまな世代の人びとの出会いと交流の場として生かされることによって学校は、物理的にも精神的にも、開かれた学習の場となりうる。

教育を文化の広がりで考えようとすることが、いま、ますます重要な課題になっている。教育学という学問は、日本の場合、明治以来さまざまな分野に広がり、それぞれ豊かな業績も重ねられてきた。だが、その主たる関心は、専ら学校教育に向けられやすく、また、制度、政策の議論や特定の人物や集団のイデオロギーであり、大思想との関連での観念史などを特徴とした。

しかし、今日以後は、もっと教育を広く捉え、人間の形成と発展を、学校のみならず学校外のさまざまな場や局面にまで広げ伸ばして、考えてゆくことが必要だ。いま、情報化の波が急速かつ大規模に広がり、国際的な相互交流も格段に進みつつある。人間の存立と運命に及ぼす各般の力や要素は、はてしなく拡散し、錯綜化しつつあるのである。そうした状況のなかで、狭く学校だけに目を奪われていたり、フォーマルな学校の制度や組織の面ばかりに焦点を枠づけているような教育研究では、処しえない。

学校文化からもっと広く教育文化へと視界を広げ、しかも、表層的現象のあれこれを論議するにとどまることなく、より基底的な深層にまで踏み込んでゆくことが大切である。

その意味でも、たとえば、それぞれの文化の子ども観なり子どもについてのイメージのありよう、子どもと大人との関係のあり方、さらに、学校をどう見ており、教育の中でいかにそれを位置づけているか、といった学校観など、世界の諸国・文化ごとの比較という観点から、それぞれの独自性なり個性を把握し、世界全体の中で、それらのユニークな特質や個性をどう出し合ってゆくか、という、まさに普遍の中に生きうる個性の探求と共存への道が究められなければならない。

さきに、学校を建物という観点から見てみたが、その際の大きな特質は、学校に対する絶大な信頼と期待である。そうした学校絶対観は、とりもなおさず、教育の機能の学校への集中ということである。すなわち、西洋のように、学校は知育を専らとすべきであり、徳育やしつけは家庭の仕事であり、社会的活動の訓練は社会の側の任務に属するといった、いわば教育の分業を当然とする教育風土とは異なり、家庭、社会の教育機能もあげて学校が独占的に掌握するに至る。

ここから、はてしない学校信仰が強まり、学歴偏重、受験競争などの弊害も生まれる。今日は、この学校への絶大な信仰と固定的な「学校歴」偏重を改めて、学校を相対化し、個々人の生涯にわたる「学習歴」の設計と実践を自らが決め、学校は利用する場の一つとして認識するような、より柔軟な学校観への脱皮が求められている。閉鎖的、固定的な学校観から、より開放的、流動的な学校の捉え方への変換が必要なのである。

こうした学校に対する観念を考えてみるとき、日本の学校とくに近代学校の成立と発展において、外国と比べても驚くほどの早さと広がりが見られたことの文化的な背景に注目することも不可欠であろう。

明治五年の「学制」の実施にあたって、政府は、教育を受けることが「身を立る財本」であるというキャンペーンを行なった。「財本」とは「もとで」、つまり投資という意味である。当時の西洋の先進国では、日本と同じように、ちょうど一八五〇～七〇年代にかけて、国民的広がりでの義務教育制度を発足させたわけだが、その進め方において、日本と西洋で大きく異なる点があった。前の節でも触れたことだが、義務制の徹底のために、西洋諸国では不就学者の親などに罰金を課するところが多かった。他方、日本は、そうした情報を当然よく知りながらも、あえてその制度は採用せず、「勧奨」の政策にとどめたのである。

そのことは、究極的には、日本人の子ども観なり社会的な特性に合致し、就学の成果もそれなりに上げることができたのであった。

前にも触れたように、一六世紀の半ばに来日したイエズス会の宣教師たち以来、一九世紀に至るまで、日本にやってきた外国人たちが、ほぼ共通に述べているのは、日本が「子ども天国」だということである。日本ほど子どもがのびのびと自由に育っている国はない、日本人の子どもを大事にする点は特筆に価する、といった見方である。

確かに、子どもをめぐる文化は豊かである。出生の祝いから始まって、七・五・三や十三参りなどさまざまな通過儀礼があり、また、雛祭りや端午の節供、稚児などが登場するさまざまな各地の祭りに見られるような、年中行事もある。

これらの儀礼や行事も、帰するところは、子どもを聖なるものと見る、独特の子ども観に由来するものである。「子宝」という表現、さては、子どもは天や神から「授かる」ものとする見方、さらには、「七歳までは神の内」といった観念に示されるような、子どもを神の聖なる世界との連続で捉えようとする志向など、子どもの聖性への着目が顕著である。その意味ではまことに子ども中心的な文化といえる。

中国や朝鮮半島も、子ども文化は確かに存在し、子を愛し慈しむのは当然だが、儒教の根強い生活への浸透により、子どもよりは親、大人のほうに重点が置かれる。対比的に表現するなら、究極的には「大人中心」的な文化といえよう。日本の徳川時代もむろん儒教はさかんだったが、中国や朝鮮と比べて、それは、本質的には学問やイデオロギーとしての「儒教」であって、日常生活の風俗・習慣とのかかわりの強さという意味での「儒教」としての力は相対的に薄かった。

他方、西洋の場合は、「大人絶対」的な文化と言えるのではないか。価値の本源はあくまで、親、大人の側にあり、これもすでに別のところで触れたことだが、旧約聖書にははっきりと子どもへの体罰が容認、というより大いに勧められている。また、すでにキリスト教普及以前のギリシアやローマ初期の時代から、教育の場面における、乳幼児を布で巻きつけるスウォドリングの風習やムチに代表されるハードなしつけがつづいた。そしてキリスト教時代に入って、さらに、その養育と教育のきびしさは、拍車がかけられたのである。

日本の学校絶対観の根源の一つも、そうした、日本人の子ども観や子ども中心的な文化的特性とのかかわりで見てみる必要がある。

いま、主にモノやコトとしての学校に焦点をしぼって、教育を文化の視点から眺めることの大事さについて触れてみた。

教育を考える立場はさまざまであり、実際、多様な角度からであることが望ましい。そのうち、とくに強調しておきたいのは、教育を文化の観点とりわけ教育の習俗、慣習の側面、いわば「教育風俗」からの接近ということである。すなわち教育の現実の日常生活のならわしを、モノやコト、各種の図像等いろいろな面にわたって、具体的なもの、形に表われているものなどから、形には表われないがより本質的なもの、などへと迫ってゆくことが必要なのである。

4　文明開化と教育——西洋との出会い——

明治の初めのころ、日本の各地の教育を見聞した外国人たちは、いちように、教育がめざましく普及し、その教育のやり方もまったく西洋の学校と同じように進められていることに、目を見張っている。教師が黒板の前で大勢の生徒を相手にして教える一斉教育、机に腰掛けて、石盤で書いたり計算する生徒たち、教室には地図や掛図があり、地球儀なども置かれている。何から何まで西洋の小学校とそっくりだと評している人たちが多い。

たとえば、一八七五（明治八）年ころ、横浜の近くの田舎の小学校を訪れたJ・ヘボンは、その印象をこう書いている。「学校には黒板、石板〔盤〕、地図、地球儀などもあり、生徒が机に向って腰掛けに坐っているところなどはアメリカとそっくりでした。これはほんとうに驚くべきことです。こうした学校が国民の上にいかに偉大な感化を及ぼすか、測り知ることができません。これらの学校は全国に散在し、義務教育で、経費は国民に課した租税によってまかなわれているのですが、国民は喜んで徴税に応じているといえます」(9)。

新時代に入って、教育の方法と内容も組織的なものとなった。なかでも、最も大きな変化の一つは、学科目制の登場であろう。もともと江戸時代の学校では、教育内容を細分して教える方式は採らなかった。基礎段階では読み書きと、場合によっては、そろばんや算術も教え、少し程度が進めば、歴史とか地理、詩文といった分野が加わるが、いずれにせよ、教育の内容も方法もゆるやかな区分けでしかなかった。それだけ融通のきく柔軟さと便利さもあったわけだが、他面では、学習の範囲が狭く限られたり、特定の領域にかたよったりもしがちだった。

ところが、科目制になると、読み書き算術のほか、修身・地理・歴史・理科のほか唱歌や体操などに至るまでの、広いカリキュラム構成となり、学習内容もまんべんなく広がり、教育の効率化を図ることができる。近代教育における組織化原理のあらわれである。この科目制とそれの具体化としての時間割のシステムはもちろん、唱歌とか体操なども、それまでの日本人の教育にはなじみのない新奇なものであった。とくにこれらの科目は、明治一〇年代末ころまで、定着と普及の過程において、さまざまなとまどいや混乱があったのである。

もう一つ、地理とくに世界地理も目新しい教育内容であった。西洋の「文明」を導入することによって「半開」から脱する、という当時の国家および国民的な願いを背景に、外国に眼を向け、西洋に学ぶために、地理への関心が高まり、学校でも西洋事情の伝達を主体とする地理関係の教育が重視された。永い鎖国の時代に、押しとどめられ封じ込まれていた、日本の外の世界への興味と好奇心のあらわれでもあったし、外国情勢の把握が不可欠の国家的課題だった、当時の時代的風潮の反映でもある。

学校では、『西洋便覧』とか『萬国往来』といったたぐいの初歩的な西洋案内式のテキストも使われたし、もっと本格的な地理書も教えられた。たとえば、オランダ留学帰りの内田正雄が編訳した『輿地誌略』（明治三〜一〇年）とか、福沢諭吉の『西洋事情』（慶応二〜明治六年）、『世界国盡』（明治二年）など、学校でもよく使われ、また大人たちにもよく読まれた。いずれも明治初期における地理ブームをもたらした書物である。これらは、西洋の立身出世物語として好評だった『西国立志編』（第八章で少し触れる、イギリスのS・スマイルズの『セルフ・ヘルプ』〈一八五九年〉を明治四年に中村正直が訳して刊行したもの）などとならんで、ベストセラーとなり、日本人の知的世界の拡大に一役かった、啓蒙期における国民的な学習教材だったのである。

それらの地理書のなかでは、世界各国の人種・土地・地勢・資源・人口・産業から社会諸制度に及ぶ、幅広い情報が収められていた。けれども、おおむねは、いわば「国勢学」的と言っていいような性格が濃いのが特徴だったように思われる。つまり、人口・資源・土地の広狭・産業などに力点が置かれ、あくまで国力の「強弱」に専らの関心が払われている場合が多い。軍事力の程度のいかんを含めて、世界の諸国を大小・優劣の尺度で測ろうとするこの傾向は、すでに幕末期に、『海国図志』（中国、清末の地理書、日本では一八五四〈安政元〉年に箕作阮甫らによる校訂版が刊行された）などの世界地理書に基づいて、さまざまなかたちでまとめられ出版された地誌の書物に、やや共通した特色でもあったのである。それは、帰するところ、日本人の対外姿勢のあり方を反映したものでもあった。すなわち、他国の様子を探り、外国の情報をすばやく取り入れて、西洋先進諸国との距離を縮めて、「文明」のレベルに到達しようとする、いわば競争の意識のあらわれにほかならなかったのである。

文明開化期に、学校教育の普及が図られ、就学率が伸びたのも、じつは、基本的に、この国家のレベルと個人のレベルにおける、競争の観念があったからであり、また、教育を、技術的な知識の習得とその具体的な活用に役立たせ、「人材」の効率的な育成を目ざすものとして、言うならば功利主義的に動機づけたことによるものでもあった。

「人材育成」とか「人材登用」といったことが盛んに言われ出したのは、幕末からである。幕藩体制が政治的にも経済的にも揺らぎ始め、山積する諸問題に対して、身分や格式だけでは処しえない情況にたち至って、初めて、固定的な旧来の位階や格式にとらわれない、有為の人間の能力や学識の発揮が期待された。地位中心の社会から実力主義の社会への転換が始まったのである。下級武士や郷士クラスでも、能力と才幹によっては、大いに活躍しうる場が開けてきた。

また、「人材」の育成のために、たとえば、藩校教育なども、身分的な序列よりは学業成績のいかんが重視され、士分以外の者にも就学の機会を与えたり、成績の結果に基づいて、学生を藩外のしかるべき場所へ遊学させたり、あるいは、海外へ留学させるといった例も出てくる。本来、身分的なタテの序列社会であり、地理的にもヨコの隔絶社会であった江戸時代の閉鎖体制も、幕末になると、少なくとも学芸、教育の分野においては、きわめて流動化が進んでいた。文人・教師・学生たちは、タテ、ヨコの壁を乗り越えて、移動の輪を広げていったのである。

そうした、幕末における流動と開放への動きを背景として、明治の新学期が始まった。明治五年八月に発布された、教育の基本法規「学制」による、新しい学校制度のスタートである。新時代の学校と教育についての根本理念を掲げる「学事奨励ニ関スル被仰出書」（「学制」の前文にあたる）には、学問・教育が「身を立る財本」であり、また、人間の実際生活に密着しそれに役立つ実学でなければならないむねの宣言がある。つまり、従来のような消費としてではなく、個人の立身と成功をもたらす投資としての学問・教育、という見方がはっきりと打ち出されたわけである。

政府による、こうした新しい教育観のキャンペーンが、府県の役人たちを介して、全国的に広く行なわれていった。他方、全国各地方における初等教育の普及を土台として、政府の側は、「人材」の吸い上げを図り、貢進生制度〈全国各地方の秀れた青少年を選抜して、中央〈東京〉の大学南校へ差し出すという制度、一八七〇〈明治三〉年に実施〉を採用したり、前の節でも述べたように、文部省のほか開拓使・工部省・司法省その他各省庁がそれぞれ独自に学校をつくり、実業、専門の教育を行ない、それへの進学を勧める政策を執ったのである。

教育の普及と学校の新設へのエネルギーにおいて、もとより国家による指導、誘引の要素は軽視はできないが、国民の下からの自発的な教育意思の発現も大きかったのである。国民の下からの力といった場合、そこには背景となるいろいろな要因があった。

たとえば、来日外国人たちが指摘しつづけてきた、「子ども天国」ないしは「子どもの楽園」ニッポンと評されるような、日本人の伝来の子ども観も無視できまい。そのほか、右のことともつながりがあるが、本書でも既に触れた、日本人のいわば同調性とでも言っていい文化的特性によるところもあろう。

勉強こそ立身の近道であり、学校は晴れやかな人生の未来を約束する関門だという、一種の学校教育万能観が、広くゆきわたり、勧学のキャンペーンは、子どもたちへも深くしみ込んだのである。「勉強ハ富貴ヲ得ルノ資本ナリ」とか、「勤勉ハ幸福ノ基」といったたぐいの子どもの作文が、開化期の少年ジャーナルによく登場している。そして、たとえば「若シ人ニ競争ナクンバ以テ精神ヲシテ奮発セシムルモノナシ」というような、競争こそ個人の進歩、国家の発展を生み出す原動力だと見る子どもたちも多かった。明治一〇年代から盛んに説かれ始めた、ダーウィン、スペンサーの進化論による、競争と進歩の哲学の投影でもあったと言える。

そうした、競争による人間と社会の進歩を信ずる開化期の風潮のなかで、学校教育にあっては、ひたすら知識の伝達、吸収が重視され、しかも、知識の功利主義的な活用、いうならばモノと技術に役立つ教育が推進された。個人にとっての立身と成功も、国家にとっての対外競争の勝利も、いずれも教育の功利主義的な活用が不可欠の方途とされたのである。

それからちょうど一三〇年。モノと技術の進歩を目ざし、競争の観念によって支えられてきた日本の教育の新しい転換が求められている。モノから心へ、対外競争から国際協調へ、という現代の課題に応えて、日本の教育はどうあるべきなのか。

教育の国際化ということに限って言えば、制度、政策の面でも、数多くの課題がある。外国人教員の雇用拡大の問題とか、留学生の受け入れ体制の充実を図るための施策、あるいは、在外日本人学校や帰国生徒をめぐる諸問題、さらには、国内の学校における世界理解と国際協調のための教育の拡充その他、日本の教育の国際的な開放化を目ざすために、さまざまな改善が必要である。学校も教育も、大胆な流動化が必須の課題と言える。

教育の中身について言えば、たとえば地理の教育にあってはもちろん、ほかの教科も含めて、もっともっと、異文化に対する正確な知識と理解を得させる工夫が必要であろう。単なる数字や統計あるいは自然風土についての知識だけではなく、それぞれの地域に住む人びとの生活の実相を捉え、「文化」の違いに気づかせながら、人間としての普遍を確信し、それぞれの文化と生活の個性を尊重し、相互に親しみあうという協同の精神と態度の形成が不可欠であろう。その土台として、自らの文化への理解と誇りを、しっかりと教育することは当然である。自分たちの文化や国への確信なくして、他の国の文化や国、あるいは世界へのつながりも国際化もありえない。

それは帰するところ、教育そのものの根本的使命であり課題でもある、自と他の独自性と個性を伸ばし、それを相互に尊重しあい、ともに協同の世界に生きようとする人間の形成こそ、教育の目ざすべき理念だからである。校内暴力や非行の根も、けっきょくは、個の弱さと、他者への思いやりの欠如、つまりは自己を相対化する力の弱さに帰因するものであろう。

対外的な関係における日本の教育の課題は、その意味でも、内における問題の解決とも通じるのである。さらにまた、附け加えるならば、自己を相対化する力は、技術やモノだけに資する「知識」の教育からではなく、人間の感性と意志を育み伸ばす、真の意味での「知性」の教育によって初めてもたらされるものであろう。

II

流動とくに旅と教育

第三章　旅と教育

人はつねに旅を想い、遍歴や流浪に憧れる。それは、もともと、人間が「旅する人」（ホモ・ヴィアトール homo viator）としての本質的な特性をもつからであろう。すなわち、目ざすある目標に向かって、時と空間のなかで、ひたすら自らの歩みを進めていくというのが人間の本来的なあり方にほかならないからである。

古来、洋の東西を問わず、人生を旅になぞらえ、人間を旅人と見る観念は強かった。たとえば、江戸時代の俳人松尾芭蕉の『奥の細道』もそうであり、その冒頭には、「月日は百代の過客にして、行きかう年も又旅人也」とある。これは、もと、「天地者万物之逆旅、光陰者百代之過客」、つまり天地の動き、日月の変化を旅にたとえたことに発する。「過客」は、むろん、旅人のことである。

西洋でもたとえば一七世紀のさすらい物語として有名な、ジョン・バニヤンの『天路歴程』（*The*

Pilgrim's Progress, 一六七八年）などもこの世から未来の世界への「人生行路」の旅の書として、広く読みつがれている。

日本では、万葉集以来、旅を詠んだ歌も多く、また、平安後期の西行や鎌倉時代の僧一遍らの、佛道や歌の修行の旅は、永く日本人の心のふるさとにもなってきた。さきの芭蕉なども、そうしたさすらいの跡を訪ねての東北の旅だったのである。

また、何かを求めての漂泊と流浪の旅は、世界のいずれの宗教においても見られる。アジアの場合もそうである。佛教では、周知の通り、人間が通過する六つの世界（「六道」、すなわち、地獄、餓鬼、畜生、修羅〈争いの世界〉、人間、天）の教えがある。さらに、佛跡、聖地の巡礼や、四国遍路など、さまざまな遍歴の旅もさかんである。

他方、ヒンドゥ教でも聖地巡礼は信徒の大事な務めとされている。すなわち、人生を四つの時期に分け、学生期は聖典（マヌ法典）の学習、家長期は結婚して子をもうけ祭祀を行なう、林住期は人里離れた森などに住み思案にふける、そして最後に遊行期という段階があり、この世を棄て、聖地を巡礼することが求められている(1)。

さらにユダヤ教、キリスト教、イスラム教などにおいても、やはり「旅」は重要なキー概念となっている。ユダヤ教における旅は、旧約聖書の「出エジプト記」にあり、モーセがユダヤ民族を率いてエジプトを脱出し、神の聖地を求める苦難の旅、すなわち「エクソダス」が描かれてある。そしてまた、「申命記」ほかの個所では、ひんぱんに旅人（他国〈よそぐに〉の人）、孤子（みなしご）、寡婦（やもめ）などを親切にいつくしむべきことが諭されている。キリスト教の場合も、同じことであり、新約聖書には、イエスが「人の子は枕するところなし」と、旅の運命にあることを語り（マタイ伝、第八章第二〇節）、またイエスは弟子たちに「われは道なり、真理〈まこと〉なり、生命なり、我に由らでは誰にても父の御許〈みもと〉にいたる者なし」と告げ、自らが、信仰者たちの神への旅の「道」であることを明言している（ヨハネ伝、第一四章第六節）。

さらに、イスラム教にあっても聖地への旅が、信徒の必須の務めとしての五行（信仰告白、祈祷、喜捨、断食、聖地巡礼）の一つであることは、よく知られている。

西洋の中世の時代になると、これら巡礼やさまざまに移動する人びとは増え、それによって、知識、情報の流通はいちじるしく進んだ。この大移動の時代において、全ヨーロッパでは互いに情報の交流が進み、人と物の活発なコミュニケーションへの道が開かれたのである。

それら人の移動のなかで、とりわけ、学問教育を求めて、ヨーロッパの各地から、いくつかの主要な、いわば超民族的共同学習センターである、「中世大学」へと旅する学徒たちも多かった。

パリ、ボロニア、サレルノといった、それぞれ特色のある学問を柱とする、これらの大学は、民族の違いや文化の壁を乗り越えて、まさに超民族・文化的、今日風に言えば国際的・多文化共存的な性格をもっていた。いわゆるストゥディウム・ゲネラーレ（studium generale）という言葉で示される、普遍的次元での学問追求のあり方である。このゲネラーレは英語のジェネラルと同じ語であるが、単に、一般、普通といった意味にとどまらず、出身、地域を異にする、民族や文化の差異を超えて、共通・普遍のレベルに立つ、という、国際性に他ならない。大学というものがもつこの原理的支柱、すなわち国際性と自治性は、ここに発する。普遍の立場での学問の研究は、当然、偏りを排し、中正、自由を不可欠とするわけで、そのために大学の外のさまざまな力や規制要因からの支配を脱し、自治を確保することが大切な条件となるからである。

そうした研究と学習の国際的、自治的な学問の拠点を目ざし、各地から、若者たちは、苦労を重ねながら遍歴の旅を続けた。これら遊歴の学生たちは、身の回りの物を入れた大きなかごを背負い、多くは裸足で、一人で、あるいは何人かで連れだって旅をした。裕福な家の者は、召使いや家庭教師を伴うこともあったらしいが、ほとんどの者たちは貧乏で、道中では、野宿をしたり、食べ物を恵んでもらったり、ときには盗みをしながらの遍歴であった。

中世の大学は、こうした旅する学徒たちによって成り立っていたわけだが、大事な点は、当の大学自体も旅をしたということである。すなわち、一二世紀から一三世紀にかけて発生したこれらの大学も一五世紀に入って、各地に民族ごとの国民国家が成立し始めると、ようやくそれらの古い大学も新しい大学も、それぞれの地で固定化されるにいたるのだが、それまでの間にあっては、大学は容易に各地に動いたのである。つまり大学は流動するものであった。

いわゆるタウン（Town）とガウン（Gown）の争いと称される現象である。大学が、先に述べた自治制を、大学の所在する地域の行政体であるタウンによって侵されたりした場合（各種の特権――納税・兵役などの義務免除――の取り消しのたぐい）、ガウン（大学は教師・学生とも制服を着ていたことからの呼び方）は、新たな地を求めて移動するという抗議、抵抗の手段を使ったのである。

現在の西洋の大学において、教員・学生ともに、活発に大学間を移動するのがあたりまえという、流動性の高さの淵源もこの中世大学の「動き」の特徴に発するものといえる。

人の流動は、それらの学徒だけにとどまらない。巡礼者もずいぶん多かった。やがて一四世紀になると、たとえば、イギリスのG・チョーサーによる『カンタベリー物語』（一三九一年ころ）のように、巡礼者物語なども出てくる。今日、終末医療ケア施設としてよく知られているホスピス（hospice）というものも、もともと、この西洋における巡礼のさかんな時代に、アルプスのカトリック修道会が、旅する巡礼者たちのやすらいの場として設けたことに由来するものという。もっともhospitiumという語には家、宿、救貧院などの意味があり、一二世紀以来、とくに「旅人を泊め、食事を供する宿」とされていたようだ（2）。

のち一六世紀に入ると、巡礼のほかさまざまな旅、とりわけ「修養旅行」など、教育的な性格の旅も増えてくる。そんな風潮のなかで数々の旅行案内書もずいぶん盛んに出回るようになった。じっさい、「聖地詣」（peregrinus）は、あわせて、異境にあることとか旅そのものを意味するものであったとされる(3)。

旅を教育に結びつける、というよりは、旅を教育の重要な要素であり柱である、とする考え方は、ルネサンスとともにますます強くなった。「旅はすぐれた学校」であり、「教育は旅によって完成する」と見る、いわば旅行教育論の登場である。ルネサンスを支えた人文主義（ヒューマニズム）は、帰するところ、人と世界を広く知り、文化の多様なことを理解することであり、その赴きは当然の勢いであった。

ルネサンス期のユートピア思想のうち、T・モアの『ユートピア』（一五一六～七年）、さらにのち一〇〇年後の、一七世紀のたとえば、T・カンパネッラの『太陽の都』（一六二三年）とかF・ベーコンの『ノヴァ・アトランティス（新大陸）』（一六二七年）なども基本的には、「旅」によって発見された理想世界が描かれており、異境への移動が大切な要素であった。それらユートピアのなかで、教育の新しいあり方、とくに多様な人・文化の共存のなかで、個性的、自主的に生きる人間の形成ということが大きな課題となり、それは、何よりも教育の革新への大きな刺戟となった。

そうした潮流の起点をなすのが、ルネサンス人文主義者たちの教育アイデアだった。たとえば、モンテーニュなどは、その代表格といえる。『随想録（エセー）』（一五八〇～八五年に執筆）のなかの「子供の教育について」の章で、こう書いている。「書物だけが頼りの能力」ではだめであり、「人々との交際」とくに「外国への訪問」がよい、と。なぜか。「それら諸国民の気質や風習をしらべ、われわれの脳髄を他の国民のそれとこすりあわせ、磨きあげるため」である。そのために子どもを幼いときから遍歴させることが望ましい、と述べている。遍歴させるべき「この大きな世界は、われわれが自己を正しく知るために自己を映して見なければならない鏡です。要するに、私は〔世界〕が私の生徒の教科書であって欲しいと思います」と語る(4)。

この発想の背景には、当時までの教育への批判、つまり、「牢獄」のような学校における、ムチの罰による、力ずくの詰め込み教育、画一的、他律的学習、外の世界、他の多様な文化への無関心と無知、といった弊害への弾劾があった。人や文化が多様であることへの理解こそが、人間の正しいあり方をもたらすものであり、閉鎖的で内ばかり見ている視野の狭さから抜け出さなければならない、ということであった。

人間形成における、この開かれた「旅」へのいざないの系譜は、やがて、一七世紀の「教育学の父」、J・A・コメニウス、さらにつづいて一八世紀の啓蒙思想家J・J・ルソーへと流れて活きる(5)。後にも述べるが（本書の第七章）、ルソーの『エミール』（一七六二年）にも、やはり、「旅について」という項目があり、教育を完成するものとしての旅への勧めがある。実際、登場人物のエミールは、二年近くヨーロッパを遍歴するという設定になっている。ルソーも、さきのモンテーニュと同じように、「世界という書物」の、「観察」こそ大事であり、しかも「自分で見ること」が何より大切なのだ、と強調している。一国しか知らない者は、人間を知らないのであり、広く人間一般つまり、人と文化の普遍的本質を知るためにこそ旅が不可欠、と考えられたのである(6)。

こうした旅の積極的意味づけの気運もあり、また、旅するための条件や便宜――主要な道路網の整備、郵便システムの発達、宿泊施設の増加、そして何よりも安全性の増大など――が格段に改善されてくるに伴い、一八世紀には、見聞を広め、教養を身につけようとして、若者たちがさかんに旅に出るようになる。まさに、初期的な大旅行(グランド・トゥア)の時代の幕開けである。

とりわけ、イギリス、フランス、ドイツなどの青年たちは、アルプスを越えて、イタリアへ赴き、古典と芸術にひたることを志す傾きが強かった。有名な、ゲーテのイタリア旅行(一七八六～八年)もまさにそうした南欧とローマへの憧れによるものであり、彼の芸術家、詩人としての大成へのきっかけになったのである。「この一年半の孤独の生活において、私はふたたび私自身を発見しました」と自ら語っているように(7)、この旅は、ローマを中心とする古典文化への見聞を広める数々の新しい発見があったと同時に、逆に、自ら自身の発見の旅でもあった。

西洋では、やがてこののち一九世紀に入ると、従来のひと握りのエリート層だけでなく、やや生活に恵まれた大衆レベルの世界旅行(グローブ・トロッターズ)の時代に移っていくのである(8)。

さて一方、日本の旅はどうであったのか。旅が庶民のレベルにまで普及し、さまざまな旅人が行きかうようになるのは、江戸時代である。その背景には、やはり道路事情の発展があった。慶長六(一六〇一)年、品川から大津までの五三駅が定められ、やがて、日本橋を拠点として、五街道(東海、中山、日光、甲州、奥州)、さらに脇街道(伊勢路、山陽道、山陰道、北国路、北海街道、長崎道)などもしだいに整備された。

元禄年間(一六八八〜一七〇二年)ころから、東海道ほかの主要な通路のにぎわいが始まり、のち化政期(文化・文政時代、一八〇〇〜三〇年)になると、さらに活発な人、モノの往来が急増した。人の移動とともに、旅籠屋や木賃宿などの宿泊施設も発達し、旅の条件はより改善されてくる。もっともこうした旅の発達、普及の基底条件としては、むろん、商品経済の進展、都市の発達といった重要な社会、経済的変化があったことはいうまでもない。

旅とは、自明のことがらだが、動くことである。封建制度、幕藩体制の本質は、タテの身分的上下関係も、ヨコの各領国割拠、分断の関係も、ともに壁があり、流動や交流の乏しいシステムである。したがって、他領や異域への旅は、本来的にはきびしく制約される性質のものであった。

ところが、現実的に、というか実際には、旅立つことにはそれほどの厳しい規制はなかったようだ。一般庶民の場合、出稼ぎとか、奉公あるいは社寺参詣、湯治など、村の外や領外へ出ることは、村や町の役人、旦那寺へ届ければ、容易に、関所を通るための「往来手形」はもらえたし、場合によっては、旅籠、茶屋などでも発行していたのだという(9)。

一方、サムライの場合、「移動」としては、参勤交代とか、国替えといった大きな公式の旅があり、また、武術・学問の修業など教育の旅も盛んに行なわれた。

士庶ともに、右のような旅のほか、高野聖、伊勢御師、修験者など宗教筋の者、行商人、職人、旅芸人、さらに俳諧師、算学者など、国内を遊歴して歩く人びとは多彩であり、その旅の軌跡は広かった。そうした旅の流行と軌を一にして、旅を教育と結びつける考え方も強くなる。旅の勧めである。「かわいい子には旅をさせよ」というポピュラーな格言があるが、これなどは、江戸時代のいろいろな旅のガイドブックにあたる「道中記」のたぐいにも、ひんぱんに出てくる。

江戸時代の仮名草子作家で、よく旅をした浅井了意が著わした『東海道名所記』〈万治元〈一六五八〉年〉は、のちの各種の道中記の原型ともいうべきものだが、そこにも強調されている。「いとおしき子には旅をさせよといふ事あり。万事思ひしるものは旅に優る事なし。鄙〔ひな、いなか〕の永路を行過るには、物うき事、うれしき事、はらのたつ事、おもしろき事、あわれなる事、おそろしき事、あふ〔危〕なき事、をかしき事、とり〴〵さま〴〵也。人の心もこと葉つきも、国により所により、をのれ〳〵の生れつき、花車〔きゃしゃ、上品で風流〕なものもあり、いやしきもあり」[10]。旅の道中にはいろいろな思いや経験をし、また、各地方にはそれぞれ特徴のある文化があることを知ることによって、人間は修行を重ね、成長、発達するものだ、という認識である。見聞を広め、情報を吸収することはもちろんであろう。

旅を若者の修行であり、成長への糧とする見方は、この後も永く続いてゆく。右の浅井の書の一五〇〇年ほどあと、一八〇〇年ころの道中記にも繰り返し、そのことは語られている。たとえば、尾張の商人菱屋平七という人物の旅日記「筑紫紀行」（享和二〈一八〇二〉年の西国漫遊記）にも、こうある。「いずれにも旅行こそげに最〔いと〕たやすからぬ物にはありけれ。諺ニ云フかはゆき子には旅をさせよとかや。〔中略〕誠に萬の事の情〔こころ〕をも思い知り、身の修行になるべき業〔わざ〕なりけり」(11)。「萬の事の情」を知る、という言葉がよく利いているが、ともかく人、文化、風土の多様性の体験的理解こそ何よりの教育になるとする主張である。この「紀行」は、一族の子弟への訓戒のつもりで書かれたものであり、とくに教え諭す意図が強い。

この「筑紫紀行」の書かれた直後から、つまり一九世紀の初め以降、化政期には、前に触れたように、旅の気運はいっそう盛り上がった。当然、旅のガイドブックもたくさん出る。そんななかで、とくに有名となり広く読まれ活用されたのが、『旅行用心集』（八隈蘆庵著、文化七〈一八一〇〉年刊）である。そこでも、やはり、旅は若者の修行である、とされている。

「長旅の艱難千苦万苦いふへからす。依之旅ハ若輩の能〔よき〕修行成といひ、又諺にも可愛子にハ旅をさすべしとかや。実〔げ〕に貴賤共に旅行せぬ人は、件〔くだん〕の艱難をしらずして、唯旅ハ楽〔たのしみ〕、遊山の為にする様に心得居〔おる〕故、人情に疎〔うとく〕、人に対して気随〔きまま、我まま〕多く、陰にて人に笑指〔わらいゆび〕さゝること多かるへし」（同書）(12)。

「自序」のなかで、旅は、人情に通じ、人の思いやりも知り、人から「能人」（よきひと）と見られ、「立身出世」もでき、子孫繁栄にもつながる、と語られてもいる。

じっさい、この『旅行用心集』は、旅におけるさまざまな注意事項がきわめて細かに触れられているのであるが、その基本は、あくまで、人に頼らず自らしっかりと一人立ちしていく心構えが大事であること、他国の風俗、あり方は、多様であることをよく承知して、現代風に表現すれば、いわば自他を比較、相対化する心の寛容さの大事なことを説いているのである。

さて、数々の旅のなかで、伊勢参りほかの社寺の参詣があるが、それらは、若者たちにとって、成人つまり大人になるための一種の通過儀礼（イニシエーション）としての意味をもつものであった。その点では、旅と教育とのあいだの密接な関係を示すイベントだった。結婚前の男女が、それぞれ大人の先達に連れられて、長途、目指す目標地点、伊勢神宮ほか各地の社寺、あるいは西国、四国などへの巡礼の旅に出ることである。道中の苦しさや辛さに耐え、他国の人や風土に接して世間を知り、一人前の人間として育っていく契機となったのである。立派に長期の旅程から帰れば、大人として認められるに至る。

漢字学者白川静氏の貴重な労作である『字通』や『字統』によると、旅という漢字は、出身地を離れるとき、所属を明らかにするための、氏族の神の霊が宿っている神聖な旗を揚げて、一団の人びとが進むこと、具体的には、軍団や参詣などを示したものという。軍隊用語の旅団などもそこに由来するらしい。江戸時代のたとえば伊勢参りや四国遍路などで、長老の率いる若者たちの連れ立って進む旅のグループの様相などは、まさにぴったり、この「旅」のイメージそのままだっただろう。また、現今の、パック旅行で、添乗員が揚げる旗に従ってあちこちを廻る人びとの群も、まさしくこのニュアンス通りである。

これら社寺参詣という教育的な旅のほかに、江戸時代には、ずばり直接的に教育のための旅があった。たとえば、『江戸文人辞典』（石川洋他編、一九九六年、東京堂出版）などを見てもいかに旅が教育の重要な方途であったかが改めて認識される。この書は、主に江戸を中心に活躍した漢（儒）、国、洋の三学派系の知識人たちの経歴を克明に調査した貴重な労作だが、江戸、京坂、長崎など各地への遊学者がいかに多い割合を占めていたかがよくわかる。遊学（国内留学、なお、さきの白川氏の『字通』によると、一人で旗を立てて旅の道程を進むのが「遊」の語源であるという）は、学問や文芸の修行にあって不可欠の要素だったし、それだけ、固定、不動を原則とした「封建社会」のなかで、いちじるしく流動的な現象であった。

とりわけ、江戸の幕府直轄のサムライ学校である昌平黌（校）、全国三〇〇近くの藩がもつ藩校、それに各学派門流ごとの私塾など、学校への遊学者の旅の層は広くかつ厚みのあるものだった。西洋の遍歴学生と同じ、学徒たちの学問教養を求めての流浪の旅は盛んだったのである。じっさい、たとえば、大坂の蘭学塾である緒方洪庵の適塾などへの入門者の出身地域は全国的な広がりがあり、現在の府県でいうと、青森、沖縄の両県を除いて全府県に及ぶほどであった。ほかに、たとえば、広瀬淡窓の弟子がひらいた、豊前薬師寺村（現大分県豊前市）の漢学塾、蔵春園（恒遠醒窓が文政七〈一八二四〉

年に開き、のちも、その子によって継がれ、明治二八〈一八九五〉年まで存続）などを見ても、門弟の出身地は、九州一円はもとより、中国、四国から東海、北陸にも広がり、その数は三〇〇〇人に及んだという(13)。

やがて明治に入ると、国の内外への旅の時代としての特徴はますます強まる。また、学校教育の関連で言えば、明治初半期の教科書や児童、少年向きの雑誌、新聞などには、旅、遊学に関する記事や作文が頻出する。また、遠足、行軍、修学旅行など、はっきりと教育行事に組み込まれる旅も組織化され、普及していったのは、周知の通りである(14)。

ここで、少しさかのぼって、若干の江戸時代の旅人たちの「旅日記」を眺めてみたい。道中でさまざまな観察を行ない、見聞を広め、自ら自身を鍛えてゆく様子、つまり自己学習のあり方がよく窺われるからである。ごく二、三の人物に限ることにしたい。

まず、伊勢の久居出身の橘南谿（なんけい、宝暦三〈一七五三〉年〜文化二〈一八〇五〉年）の「東西遊記」である。彼は京都に遊学して儒医に学び、医学修行のために、天明二〜三（一七八二〜三）年に山陽道、四国、九州を旅し、同四（一七八四）年には、江戸、陸奥、信越などを巡歴した。それぞれ、「西遊記」、「東遊記」として出版されたものを、三一書房版の『日本庶民生活史料集成』で合わせて「東西遊記」と題して収録されている。

彼は、自らの旅行を「人情世態を知るの学問」とし、実際に体験的に世の中のことを知ることの大切さを強調している。「理はよく知れたることなれども実境に逢ざれば心得違ふ事も多きものなり」とし、「実試」を説き、記述もあくまで客観的であることを志していた(15)。

　旅は彼にとって要するに自己教育の道であった。すなわち言う。「余が四方に漫遊せし主意は、諸国の風土紀行を親しく身にうけ考へて、著す所の医書にあやまりすくなきやうにあらしめ、普く世間の病者の益にもならんやうとの事なり。それに付ては、諸国をめぐれば、異病奇疾も多く見及び、奇才妙薬をも伝授を得て、医事の修行漫遊の益少なからず。猶其あまりには、文雅の事、武備の事はもとより、よき人を見ては、我身の手本として見習う様に心得、あしき人に逢ふてはみずからかくのごとき事やなきと顧み慎む種となせる事なり」(16)。

　こういう心掛けであったから、各地でその道に秀でた学者や名工たちを、積極的に訪ねて、修養に務めたのであった。そして、謙虚、率直に、すぐれたものから学ぼうとした。長崎で、オランダの文物について、「細工の微妙なる事は、世界の内阿蘭陀〔オランダ〕に優る国なし」と評し、エレキテル、「虫眼鏡」、「望遠鏡」などに触れ、それらを含めて、「新しいものを知る事を第一の手柄とす」る気風が強いことを書きとめている。そして、長崎にいる中国人、オランダ人を評して、「すべて異人の人をみるに、唐土の人は衣服言語〔げんぎょ〕違ひたる斗〔ばかり〕にて、只情と其趣は日本に少しも替わる事なし。〔中略〕阿蘭陀は剛強にて少しも温和の風みえず、立まじわれば日本の人は殊にぬるきやうに見ゆ。其違を案ずれば〔考えると〕、土地寒暖の気によりて其生ずるものおのおの差別〔しゃべつ〕

ありと見えたり」と記している(17)。暗に、日本人や中国人などアジア人の温和さや「ぬるきやう」な性格と西洋オランダ人の「剛強」を対比し、その違いのゆえんを「土地寒暖の気」つまり風土に求めているわけである。比較文化への糸口、出発点に立っていたと見てよい。

同じような、長崎での比較外国人論を展開している人物に、松江藩医の子で、やはり九州旅行（慶応元〈一八六五〉年）の記録を残した桃節山（天保三〈一八三二〉年～明治八年〈一八七五〉年）がいる。その「西遊日記」（三一書房版、前掲）には、こんなふうに書かれている。長崎は、「清人其外西洋人等縦横ニ往来し、如何にも事変りし土地也。然處夷人跋扈之姿ハ自然ニ顕ハれたり。只可憐清人也。第一洋人ハ何れも丈ヶ高く、肉太きもの多く、清人は多分小男也。至而弱く見ゆ。〔中略〕如何ニも洋人に比すれハ威なき也」。実際、彼は、舎密（化学）所やボードインの教授所、養生所なども見学し、「萬々西洋之通にして療養する趣、療養之器械等誠ニ精密之ものにて、紙上に盡し難し」と、感嘆している。そして、フルベッキが、懸命に日本について研究していることの伝聞とか、「写真」の精巧なことにも感心した様子を書きとどめている。熊本では、横井小楠の思想にも触れ、その関連から、アメリカの大統領が四年ごとに変わる「役人」であるのに比し、「君臣之義確立する所ハ日本之自慢すへき所ニ而、西洋ハ事を以て道を立、日本ハ徳を以て道を立」る違いがあると、日本の「国躰」を弁護している(18)。

長崎という異国文化や外国人が見られる特殊な場所に限らず、日本各地それぞれに気風、習俗が異なり、多様な文化があるという体験的な認識、そして、それらに対する寛容な理解と尊重の大事さの指摘は、そのほかの江戸時代の「旅日記」に繰り返し、記述されるところであった。それら各様の「旅日記」の検討、すなわち「旅日記」を旅してみることとか「紀行記」を紀行することは、きわめて重要な課題となる。

江戸時代における代表的な旅行家菅江真澄の天明三（一七八三）年以降四〇余年にわたる、信濃から東北、北陸地方に及ぶ巡遊記録「真澄遊覧記」、地理学者古河古松軒の山陽、九州旅行記「西遊日記」（天明三〈一七八三〉年）、幕府の巡検使に随行しての東北、北海道の紀行記「東遊日記」、あるいは、尊王家高山彦九郎による、安政二（一七九〇）年の水戸から青森、仙台の旅の記「北行日記」、さらには、越後の民俗学者鈴木牧之の文政一一（一八二八）年に行なわれた信越の境にある秘境秋山郷の探訪記「秋山紀行」など、どれも特徴のある旅日記である。

いずれもできるだけ客観的に記録しようとする姿勢が顕著だが、ともかく各地における文化、風物の多様性に対する比較観察への視点がはっきりと出ており、また、それら旅の中での情報の収集と、それぞれの人物の視野の拡大のありようがよく窺われる。その意味でも、教育の次元からの検討、分析が必要であり、また、有意義であると思われる。

最後に、旅の教育的意義、つまり、旅を教育として考え、それが人間の形成にどのような意味をもつのかという点について、ごく簡単にまとめておくことにしたい。

まず第一に、言うまでもないことだが、旅というものは、あくまで、自分が思い立ち、決断して出発し、自発的、主体的に行なうものである。すなわち、自由に決めて、自ら実践することであって、他からの強制によるものではない。N・オーラーによると、旅のドイツ語 Reisen は語源的には立ち上がる、軍事活動に赴く、つまり、出征の意味だった由だが(19)、今日、これを旅とは言わない。他律ではなく自律の行動こそ、旅の本質だからだ。

帰するところ、自己学習つまり自学の過程にほかならない。自学ということは、当然、各個人の個性的な事がらである。たとえ集団で旅することであっても、旅の体験と旅から得るものは、それぞれ個別的である、個、そして、とくに孤への体験の必要性は、とりわけ今日の日本の教育というより戦後六〇年の教育の弊害を省みるときに大事である。すなわち、とかく個よりは集団に偏し、掛け声として「一人ひとりを大事にする」といったことが盛んに唱道されてはきたが、実際には、「集団主義」教育に埋もれ、個を鍛えることにはならなかったと言える。そうした意味でも旅の個人性、主体性は、改めて、教育としての大きな意義をもつことがわかるのである。

第二に、旅は、他を知り、自らを振り返るきっかけとなる。旅に出て、人と出会い、交わり、モノやコトに接し、あるいは異なる風土、文化を知り、それぞれが多様であることを知る。しかも、それを知るにあたっては、あくまで具体的、体験的である。そして、何よりも大事なのは、他を知ることを通して、自らを省察するという点であり、まさしく、他から自らへの旅ともなるのである。

そして第三に、旅が、人を鍛えるということにおいて、その教育的意義は多大である。旅における苦しさや辛さ、異境での言語や文化の違いからもたらされる違和感や摩擦など、さまざまな苦難があり、それらを通して、旅する人間は鍛えられてゆく。「旅は憂いもの幸いもの」ということわざがあるように、危機や苦難を試練として、その経験が糧となって人は大きく成長してゆく。

もともと、旅を苦難とする感覚は少なくなかつた。たとえば、安土、桃山時代の日常の言葉を記録している『日葡辞書』（一六〇三年、日本イエズス会が刊行、岩波書店、一九八〇年）には、旅の項に Tabino Vomoiuo Nagusamura（旅の想ひを慰める）というのがある。これについては、悲しげな他国の旅人の気を晴らす、と説明されている。ついでに、同じキリスト教関連で言えば、明治初年のキリシタン弾圧の一環で、「浦上崩れ」と称される、長崎の浦上のキリシタン二四〇〇人が、明治元～六年の間、二一の藩に配流された事件があったが、それを、キリシタンたちは、「旅」と言っていた(20)。

今日、旅の大流行時代にあって、旅の苦しみの要素などは考えられず、あくまで明るく楽しいばかりのもののように思われる。しかし、旅が基本的に、日常性からの離脱である以上、楽しさの反面、その非日常的なことからの、さまざまなギャップや違和感はあろう。そうした、いわば個々の人びとの異境に身をおいたときの特別な思いも、自らを鍛えるための刺戟として、大事な経験になると言える。

最後に第四として、旅が、途上にあることの自覚に資する、という点での教育的意義を挙げておきたい。旅は、目標地点に向けて、途中、道中にある、ひとつのプロセスである。前に引いたジョン・バニヤンの『天路歴程』の題は、ほかならぬ、ピルグリム・プログレスであり、この「プログレス」という言葉がたいへん象徴的である。初めのところでも言ったように、洋の東西、旅を人生行路とする見方も同じものである。

イギリスのカトリック教会を代表する、ウェストミンスター枢機卿のB・ヒュームは、人生の旅を行く者である巡礼者ピルグリムを、神（真理）への旅を探究する旅人であるとし、「どの時代もみずから知らないこと、また忘れ去ったことについて、謙虚になる必要がある」と語っている(21)。これと同じように、前に引いた、ウド・トゥウルシュカも、「旅とは、一種の成熟過程であり、成熟過程がなければ、本来の目的にはたどり着かない」と書いている(22)。

考えてみれば、旅の最も大事な教育的意義は、学習の過程というものは果てしなく続くものであり、つねに、探究の途上、進行中なのであって、到達して終わりといった限界のないことを自覚することにあるのであろう。いまだ途上にあり、道中の半ばにある、という自覚があるからこそ、なお先を求めて進み続けようとする意欲なり欲求も生まれる。

そして、その途上にある者、という自覚は、当然に、真理なり探究すべき目標が、いぜんとしてはるか遠く、大きなものとしてある、と考えることであり、いわば、その目ざすところのものへの「畏れ」の気持ちなり知的謙虚さを不可欠とする。

教育も学習も、さらには教師も生徒もともに、この知的慎みの念、すなわち、自分たちはつねにまだ不完全、未成熟なものであり、より完全さと成熟を目ざして、学習と探究の途上にあるに過ぎない、という「畏れ」の自覚をもつことこそが、知への旅に向けての本源的な活力になるものであろう。

今日および将来の生涯学習の時代は、まさに知の旅の時代である。教育、学習の設計図はそれぞれ自らが描きそれを主体的、個性的に実践してゆくのもまた自分自身にほかならない。その旅を構想し、道中の歩みを進めてゆく力となるものは、もう一度繰り返すが、途上にある者としての自らの慎みの自覚であろう。旅を実際の教育の場において大いに勧め、実践させることも、また、現代の教育を捉え直す象徴的な視点として「旅」を活かすのも、ともに、大事な課題となるのである。

第四章　旅の教育学——教育に旅を、教育を旅に——

前の第三章で、旅の教育的な意義、すなわち旅が人間形成に対していかなる意味をもつのかについて多少の考察を行なった。その際、主に注目したのは、自主性、探究性、鍛練性、そして途上性という四つの点である。これらの諸点について、再び繰り返して述べる必要はないが、ごく簡単にポイントだけ触れておきたい。

まず、自主性とは、旅が本来、他からの強制ではなく、あくまで自ら決めて出かける主体的な行動であるということである。自分で決断し、出かけるのが旅の大きな特徴と言える。次に、探究性というのは、旅においてさまざまな見聞を行ない、新しい体験を踏まえ、多様な情報を得て、新たな知見と認識を獲得することを言う。旧来の日常的世界から新奇な非日常的世界に移っての、反省や奇異なものへの驚きと発見がもたらされる。

『徒然草』にも、旅について述べられた文章がある。「いづくにもあれ、しばし旅だちたるこそめさむる心地すれ。そのわたり、ここかしこ見あるき、ゐなかびたる所、山里などは、いとめなれぬことのみぞ多かる」（第一五段）。ここにある「めさむる心地」こそ、異なる環境に接しての新しい発見への刺戟となるものであろう。好奇心と驚きから、未知のものへの探究も始まる。

次いで鍛練性とは、言うまでもなく、旅によって人はさまざまな出会いや経験を行ない、広くは文化の摩擦を通して、鍛えられるという意味である。英語のトラヴェル（travel）も、苦労とか悩みといった意味合いが基になっているとされる。すなわち、travel はフランス語のトラヴァイユ（travail）に由来し、それが中世英語に取り入れられたもので、もともとは、苦しみ悩む、辛い労働をする、あるいは分娩つまり産みの苦しみ、の意味であり、そこから、苦労しての旅となったのだという(1)。また、白川静氏の『字訓』によると、トラヴェルはラテン系の語で、三本の杭で拷問する責め道具から由来し、そこから長い苦しみの旅の意になったものと説明されている(2)。これらトラヴェルの語源的な意味は、旅の鍛練的な意義を考える上でたいへん示唆的であろう。

西洋の言葉の語源のほかに、日本の場合、万葉時代の防人の歌などを見ても、旅は苦しみと同義的であったことは周知の通りである。例えば、その一つ。「草枕　旅を苦しみ恋ひ居れば可也〔かや〕の山辺にさを鹿鳴くも」という防人の望郷の歌がある。これは、ある防人が、九州の引津亭（ひきつのとまり、福岡県北西部の糸崎半島の西側、唐津湾に面したところ、「可也の山」は現在の糸崎郡引津浦、岐志の東の可也山）で詠んだ歌である。澤瀉（おもだか）久孝氏の解釈によれば、「旅が苦しいので家人に焦がれてゐると、後〔うしろ〕の可也の山辺では男鹿が妻を恋うて鳴いてゐる」となる(3)。

防人たちは、九州の北沿岸地帯の防衛のために、東国地方から送られた人びとであり、苦しく辛い旅の日々を過ごした。だから「旅を苦しみ」と詠み、その苦しみの中で、残して来た家族を想い、男鹿の鳴く声を通して、自らを振り返るのである。これもまた、旅の辛さを介しての人間としての自覚の表われにほかならない。はっきりと鍛えられたと言えるかどうかはともかく、人間らしい感情の吐露には違いない。

旅の特徴の第四は、途上性ということであり、この問題が、本章のテーマである。旅は、目指す地点に向けて途中、道中にある、ひとつのプロセスにほかならない。実際、江戸時代にも旅は「道中」とも呼ばれ、そのための案内記、ガイドブックは「道中記」と称された。この、道半ばにあるということ、途上にあるということは、いまだ目標に到達していないということであり、達成もされず、完全にも至っていないと自覚することにほかならない。それは、慎しみと畏れの気持ちでもあり、何らかのものへのとらわれから自由になることを意味する。執着から離脱し、相対化の余裕をもつと言ってもよい。

自分自身への執着、自利私益へのこだわり、モノやコトへの過度の愛着、情報に対する無批判的な受容と屈従、常識への雷同的同一化など、すべては、とらわれである。そうしたとらわれ、執着を脱して、あくまで、自己を他者の眼で見、相対化の努力をし、しかも、モノやコト、情報、常識に対しては、自分なりに考えること、ときに反常識の視点から疑いをもって眺めるのも必要である。自己中心の独善的な尊大さも、モノやコトへの絶対的なのめり込みも、また、外からの情報への無抵抗な鵜呑みも、とらわれであり、執着なのである。

執着やとらわれから、むさぼりの心も生まれる。むさぼることのない生き方について、例えば、先に引いた『徒然草』では、「ひたすら世をむさぼる心のみ深く、もののあはれもしらずなりゆく〔中略〕あさましき」（第七段）当時の世のあり方に批判を加えたうえで、こう言っている。「人は、おのれをつづまやかにし、おごりを退けて財〔たから〕をもたず、世をむさぼらざらむぞいみじかるべき」（第一八段）(4)。

吉田兼好の人生観の背後には、『老子』、『荘子』の影響が強いようである。実際、彼が愛読書として挙げているのは「文選のあはれなる巻々、白氏文集、老子のことば、南華の篇〔『荘子』〕」（第一三段）である。また、「智慧出でては偽あり」（第三八段）とか、「物にあらそはず、己を枉〔ま〕げて人に従ひ、我が身を後にして人を先にするにはしかず」（第一三〇段）などという表現は、明らかに『老子』の投影である。

現代日本の人心の頽廃とくに人を欺き、見境もなく人を殺傷する事件の多発も、背後には、モノとカネに執着し、他人への心づかいやいたわりの気持ちなどを忘れ去ってしまったような、自利、我欲へのこだわりによるものであろう。そのような世相の今日、あらためて、『徒然草』で説かれている「むさぼり」を去る生き方に、心を留めてみることも大切なのではないか。

むさぼることに走り、自分や己れの利得のみへのこだわりは、当然、あくせくと人と競い、争うことにもなる。他人とせり合ったり争ったりすることを否定して、兼好が、右に引いたように、「物にあらそはず」云々と言っているのは、そのまま『老子』の「上善は水の若〔ごと〕し。水は善く万物を利して而も争わず」（第八章）を踏まえ、また、「其の身を後〔あと〕にして而も身は先んじ、其の身を外にして而も身は存す」（第七章）というのを念頭に置いたものであろう。日本酒に「上善如水」という銘柄のものがあるが、『老子』のこの表現から採ったものと思われる。『老子』については、後述することにして、こだわり、執着を去ることを教訓としたのは、兼好だけにとどまらない。時代は降って、江戸時代の禅僧良寛の生き方も、まさに、こだわらず、とらわれることのない人間のあり方の典型のひとつである。

良寛については、次章で取り上げることにするが、彼は、越後の出雲崎に名主の子として生まれ、その家職を継いだのだが、自分の性格がそれに合いそうもないと覚って、家を弟に託し、近くの禅宗の寺に入った。以後、岡山の玉島の寺に赴いて修行を重ねたのち、各地を転々と流浪し、ついに再び郷里に帰り、五合庵という山中の狭い庵（いおり）に隠棲したあと、老いて山中の生活が困難となり、やがて山を下り、ある支援者の家に寄寓、病気となって七四歳の生涯を閉じた。禅僧として、彼は、清廉潔白、寺も持たず当然檀家も無く、ただ乞食（こつじき）と詩歌を詠むこと、そして近くの子どもらと無心に楽しく遊びながらの日々を過ごした。定住することもなく、家族も持たずただ独りの生活であった。その人生は、まさに、世俗的な願望や欲求を超えて、ひたすらシンプルライフに徹しながら、名利やモノへのこだわりを去り、純粋に、真の人間らしい生き方を貫く清々しいものであった(5)。

こだわったり執着したりすることは、帰するところ、既存のものや旧慣的なものにとらわれることであり、新しいものの創造を阻むことになる。国学者本居宣長（一七三〇〈享保一五〉年～一八〇一〈享和元〉年）も、「なづむこと」を戒めている。有名な随筆集『うひ山ふみ』（一七九八〈寛政一〇〉年に述作、翌一一年に刊）にも、歌を詠むにあたって、古人や師匠の歌を絶対至上とし、それとは別の他の流派の歌を一切拒否するようなこだわりを避けるように諭している。

「伝来の事をいみじきわざとして、尊信し、歌も教へも、ただ伝来正しき人のをのみ、ひたすらによき物とかたくこころえ」、「又古〔いにしえ〕の人の歌及び其家の宗匠の歌などをば、よきあしきを考へ見ることもなく、ただ及ばぬことと として、ひたぶるに仰ぎ尊み、他門の人の歌といへば、いかほどよくても、これをとらず、心をとどめて見んともせず、すべて己が学ぶ家の法度〔ほっと〕掟を、ひたすらに神の掟の如く思ひて」と、「なづめる」ことの過ちを指摘している。そして、歌でも学問の場合でも、「ひたすらになづむべきにはあらず」と重ねて強調する。歌であれ学問であれ、宣長は、流派や門流にとらわれることなく、自由かつ柔軟に臨むべきことを繰り返し説いている。

実際、学問におけるこの自由の強調は、そのほか、「玉勝間」にも見える。「師の説〔ときごと〕になづまざる事」という教えである。宣長がかつて学んだ賀茂真淵（一六九七〈元禄一〇〉年～一七六九〈明和六〉年）から、師匠の説いた教えであってもそれに固執しとらわれることは誤りだと訓えられ、自らも後進の者に諭した一文である。

「吾にしたがひ物まなぶともがらも、わが後に、又よきかむがへのいできたらむには、かならずわが説〔ときごと〕にななづみそ。わがあしきゆゑをいひて、よき考へをひろめよ。すべて、おのが人ををしふるは、道を明らかにせむとなれば、かにもかくにも、道をあきらかにせむぞ、吾を用ふるには有ける。道を思はで、いたづらにわれをたふとまんは、わが心にあらざるぞかし」(6)。「道」は学問、真理そのものであり、師も師説も、真理を探究するに当たってのひとつの踏み台、手段であって、目的そのものではない。だから、その手段である師の説を絶対視し拘泥すべきではない、まさしく、「なづまざる」ことが肝要だと説くのである。

他方、漢学系統の学者の場合にも同じような発言が見られる。江戸時代には珍しい実証合理主義者と言ってよい三浦梅園（一七二三〈享保八〉年～一七八九〈寛政元〉年）である。彼も、宣長と軌を一にするかのように、「天地を師とし、人を師とするなかれ」と述べ、師にとらわれ、学派に閉じこもることのないように、と戒めている。梅園は、「物を怪しみうたがひいぶかる心」こそ大事だとし、旧慣への「習ひ」と「泥（なず）み」を去り、客観、具体に則って「推す」（「推観」）と「反する」（「反離」）という、弁証法的な思考の必要性を強調した(7)。

そうした、とらわれや執着から解放されて自由になることが旅の教育的な意義となるが、それはさらに、いわゆる「教養」というものの本性にも通じるし、あるいはまた、例えば、九鬼周造の言う「いき」ともかかわりをもつものであろう。

M・アーノルド(Matthew Arnold, 一八二二～八八)は、「教養とは、われわれの総体的な完全を追求することであり、〔中略〕世界でこれまでに考えられ語られた最善のものを知り、さらにこの知識を通じて、われわれのおきまりの思想と習慣とに、新鮮な自由な思想の流れをそそぎかけるようにする」ことだと言う(8)。つまり、おきまりの思想や習慣への刺戟、挑戦を通して、真の完全さを求めることに、教養の本質を見出そうとしている。固定的な既成のものへの無条件的な屈従、すなわち、とらわれからの離脱が教養であり、それは旅の途上性とも通底しよう。

とらわれや執着から離れることを、「いき」や「風流」という観点から考察したのが、九鬼の名著『「いき」の構造』(一九三〇〈昭和五〉年)である。この書物はすぐれた比較文化論の成果であろう。「文化存在の理解の要諦は、事実としての具体性を害うことなくありのまま生ける形態において把握すること」として、「いき」という言葉が西洋語になく、日本独持のものと言う。「いき」は、フランス語のシック(chic スマートさ)、ドイツ語のシッケン(schicken 礼儀にかなう)、英語のエレガンス(elegance フランス語のエレガン elegant ともに優雅さ)、同じくコケット(coguet フランス語ではコケ、しゃれた、なまめかしい）などとは異なるとする。

そして、「いき」は「垢抜けして（諦め）張のある（意気地）色っぽさ（媚態）」だと説く。このうち垢抜け、諦めというのは、「運命に対する知見に基づいて執着を離脱した無関心……あっさり、すっきり、瀟洒（しょうしゃ、さっぱりして垢抜けていること）たる心地……解脱」であると見る。「意気地」（いきじ、いくじ）とは考えを貫こうとする気力である。また、「媚態」とは、もともと異性に対するものではあるが「一種の反抗を示す強味をもった意識」とされる。だから、この言葉もやはり対象に対してあくまで距離を置く、離れるということであろう。

こうして九鬼は、「いき」を「現実に対する独断的な執着を離れた瀟洒として未練のない恬淡無碍（げ）の心」と把え、「流転、無常（中略）空無、涅槃（を）原理とする佛教の世界観（中略）運命に対して静観を教える宗教的人生観」がその背後にあるとしている。これは、まさに旅に通じるものと言える。もう一つ、「いき」とかかわる言葉として「風流」を挙げているが、これもやはり「離俗」であり、こだわりを去ることにほかなるまい。九鬼は、「風流」を、「離俗」に加えて、「耽美」と「自然美への復帰」を要件として挙げ、こう書いている。「風流が一方に自然美を、他方に人生美を体験内容とする限り、旅と恋とが風流人の生活に本質的意義をも」つ、と(9)。すなわち、こだわりを去り独立人として生きること、そのために旅がそのひとつのあり方として理想とされているのである。九鬼が、江戸時代の俳人で蕉門十哲の一人、各務支考（かがみしこう、一六六五〈寛文五〉年〜一七三一〈享保一六〉年）

の「山川草木のすべて旅にあらざるものなし」、「旅人とわが名よばれん初しぐれ」という表現を引いていることも、旅への高い評価を物語るものであろう。

それともう一つ、右に引いた「自然美への復帰」という点に注目しなければならない。九鬼は「風流」の説明において、それは「自然美」を現実の社会の中で生かすことにあると述べている。その自然美を生かすということは、おそらく、自然の美しさの観照にとどまらず、自然のもつ摂理ないし真理を現実の場に生かすということ、そこに自然に則った積極的な生き方と独立自在な人間像を想定したものと思われる。

こだわりやとらわれからの離脱によって、真の人間の生き方を求めようとするのは、すでに述べてきたさまざまな人びとの言説や主張に窺うことができるのだが、そのほか、佛教などにおいても、究極的には、生老病死ほか多くの煩悩をいかに去るかが基本の命題であろう。なお、これについては、第六章で、主に『法華経』と道元の場合を取り上げて、別に論じることにしたいが、要するに佛教用語での「貪着」（どんじゃく）つまり執着やとらわれを超越することが目ざされている(10)。

執着を乗り越えて、無為自然に復帰するのを理想とするのが『老子』である。一切の作為と人工を排斥し、「無為を為し、無事〔むじ〕を事とす」る理想世界を描くのが老子の哲学であろう。『老子』における究極のポイントなりキーワードは「道」（タオ）である。しかしこの「道」は、言葉で説明できない根源的なもの、とされる。だからあえてシンボルとしてさまざまな表現で間接的に示されることにとどまる。すなわち、天、一、自然の摂理、谷、門、水、樸（あらき、自然のままの荒削りの木）、女、母、嬰児（赤ん坊）等々である。

天や一は完全なもの、究極的なものを表わすのであり、それらはあらゆるものを受け入れ、静かに包容する、自らは剛く主張することはないが柔軟に相手に従い、自然のあるがままに委ねる。谷も門も、水や樸も、また女、母、赤ん坊もすべて、弱さはあっても、逆にあるがままにすべてを受容する、無事（むじ）、無欲、不争のシンボルである。

ひるがえって、現今のわが国の状況を見ると、初めのところでも少し触れたが、皆のための公益やそれに尽す使命を考えることなく、ひたすら我欲と私利の追求にあけくれるといった風潮が強くなってきている。政治家や官僚の汚職、税金のムダ遣い、企業や商人たちのラベル偽造その他に現われているようなゴマカシ、警察官や教員のさまざまな不祥事や非行、各種犯罪の多発など、モラルの退廃現象で、まさに日本人の品性と倫理が壊れかけている感すら覚える。モノ、カネ、名利、その他への「とらわれ」の結果にほかなるまい。

『老子』に言う「無為自然」とは、筆者なりに解釈すれば、つねに自分自身を見つめ反省しながら、モノ、カネ、名利、その他にとらわれない自分を生きること、何事も、ほどほどに、ゆっくり、ゆったりと生きる、ボツボツ、大阪弁で言えばボチボチといったところであろうか。無為を為すとか無事（むじ）を事とす、ということは、簡単容易なことではないが、欲望や他者との競い合い、争いなどへの心のブレーキとなる。だから、この教えは、個人、社会、国家、世界のどのレベルにあっても当てはまる普遍的なものであろう。

『老子』は、あくまで人間の生き方と政治のあり方について説かれている書物である。しかし、その基本的な考え方は、いかなる領域の問題にも参考となる価値をもつ。そこで、老子の「道」を、教育の面から考えてみることにしたい。もっとも、老子の文章五千余言の中に、格別、教育についての言及があるわけではない。いま言ったように、人生と政治の哲学はあっても、教育哲学として明示されるようなものは見えない。だが、教育の原理なり理想を「道」から窺うこと、あるいは、その「道」に照らして、あるべき姿を導き出すことはできるように思われる。だから、あえて、本章では、「教育哲学」としての老子を考えてみることにしたい。

そのひとつの手がかりは、『老子』における子ども観、すなわち、嬰児（赤子）に関するイメージである。『老子』の各処に、嬰児についての言及が見える。以下、『老子』の読み下しは、さしあたり、主に福永光司氏のものを参考とする。まず第一〇章に、「気を専らにし柔を致〔きわめ〕て、能〔よ〕く嬰児たらんか」とある。すなわち、内に秘めたエネルギーをしっかりと保ち心身を柔軟にすること、あたかも赤ん坊のようになれるか。赤ん坊の内のエネルギー、柔かさ、それが自然のもつ力であることを示したものであろう。次に第二〇章では、「我れ独〔ひと〕り泊〔はく〕として其れ未だ兆〔きざ〕さず、嬰児の未だ孩〔わら〕わざるが如し」と言っている[11]。意味は、自分だけはただひとり、心静かで利欲に迷わず、まだ笑うこともない赤ん坊のようだ、ということで、利欲に動じることのない静かでおだやかなことのシンボルとして赤ん坊を見ていると言える。

さらに第二八章には、「常徳離れず、嬰児に復帰す」というのがある。福永氏はこれを「恒常不変な無為の徳が身に宿って、嬰児の心の無知無欲に立ち返る」としている[12]。また金谷治氏は、「一定不変の真実の『徳』がその身についてもう離れることがなく、純真な赤ん坊の状態にまたもどれるであろう」と解する[13]。いずれであれ、赤ん坊を、「常徳」つまり無為、無知無欲の純真さの理想と捉えている。

これらのほか、直接に赤ん坊を示す言葉はないが、間接的にそれに言及している箇所として、例えば、「人の生まるるや柔弱、其の死するや堅強なり。〔中略〕柔弱なる者は生の徒なり。〔中略〕強大は下に処〔お〕り、柔弱は上に処る」(第七六章)[14]堅強とか剛よりはむしろ柔弱をよしとする老子哲学の表われであり、その体現を赤ん坊に見るわけである。以上に挙げた各章からも、赤ん坊こそ「道」の理想のひとつを示すシンボルであり、それに「復帰」することが「道」の実践にほかならないことがわかる。

そうした「道」の理想としての赤ん坊を、あらためて、まとめる形で述べている部分が第五五章である。いま、参考のために、全文と読み方を引いてみる。参照したのはやはり福永氏のものである。「含徳之厚。比於赤子。蜂蠆虺蛇〔ほうたいきだ〕不螫〔ささず〕。猛獣不拠〔つかまず〕。攫鳥不摶〔かくちょうもうたず〕。骨弱筋柔而握固〔握ることかたし〕。未知牝牡之合而全作〔いまだひんぼの合を知らずしてさいたつは〕、精之至也。終日號而不嗄〔終日ないて声かれざるは〕。和之至也。知和曰常。知常曰明。益生曰祥〔生を益すをわざわいと言い〕、心使氣曰強〔心、気を使うを強と言う〕。物壮則老〔物、さかんなればすなわち老ゆ〕。謂之不道〔これを不道と言う〕。不道早已〔不道は早くやむ〕」(15)。

この文章を、諸家の解釈を交えながら、検討してみる。まず冒頭の言葉、「含徳之厚」である。この読み方には大きく分けて二通りあるようであり、「徳を含むことの厚きは」（福永氏）とするのと、そのまま「含徳の厚きは」（金谷氏）と読む場合である。前者のように単に「徳」とするのは、本章で参照した老子研究書の出版年の順で挙げれば、竹内、大濱、阿部ほか、小川、奥平・大村、福永の各氏である。他方、「含徳」として、それを何らかの内容を以て説明するのは、「内なる『徳』」・「内に含んだ徳」（金谷）、「天から得た一元気」（諸橋）、「この道を体得した人」（志賀）、「道につながる人」（加島）などといった各氏の例である(16)。

そこで、これら後者の諸氏の見解を参考にして考えてみると、『老子』とは対極的、というより逆の立場にある儒教のような人為、作為の倫理、徳とは異なる、無為自然すなわち老子の説く「道」とかかわる徳と見た方がよいように思う。だから、この「含徳之厚。比於赤子」の訳としては、やや説明過剰になるが、「道すなわち無為自然を志す徳をしっかりともつ人は、赤ん坊に譬えることができる」と解することができよう。以下、続けての文章は各氏にそう大きな違いはない。筆者なりに解釈すれば、

「蜂やさそり、まむしのたぐいも刺さず、猛獣も襲いかからず、猛禽も爪で引っ掻くことはない。赤ん坊の骨は弱く筋肉も柔かいが、こぶしは固く握りしめている」となる。

問題はこの次である。すなわち、「未知牝牡之合而全作」のうち、前段の「未知牝牡之合」は男女の交合をまだ知らず、という意味に取ることには異論はない。だが、後段の「而全作」については、読み方と解釈において二つに分かれる。

一つは、全を朘、峻（ともに、さい）の借字として赤ん坊の陰部、性器とする立場である。すなわち、いまだ男女の交合を知らないのに陰部が「作〔た〕つ」つまり勃起するという解釈（竹内、大濱、阿部ほか、加島、奥平・大村、福永、金谷の各氏）である。他方、もう一つは、全を朘や峻ではなく、長ないし全長という意味に取り、「全作す」（「精力にみちみちている」、諸橋氏）「而も全作なるは」（「体は完全に作られている」、小川氏）、「全作するは」（「すくすくと成長するのは」、志賀氏）とする読み方である。

この二つのうち、どちらが正しいのか、それを明確に判定するだけの漢学上の知識と能力を筆者はもっていない。英文学者で詩人の加島祥造氏は、何冊かの英文の老子解釈を読んでから、『老子』に多大の興味をもち始め、独自の立場から、ひとつの詩の形とリズムを以てきわめて興味深く、おもしろい『老子』の訳を試みている。その同氏が、『老子』解釈について、ドイツ語訳（一九一〇年刊）を行なったヴィルヘルムという人物の「『老子』の訳者とは、すくなくとも原文を誤解する権利のある者なのだ」という言を引いたのち、こう書いている、「誤解であろうとなんだろうと、自分の『老子』はこれなのだ！　こう言える権利があるというところに、『老子』を訳すことの面白さや冒険や挑戦がある」と(17)。筆者もこの考え方にまったく賛成である。

漢学者たちの労苦を重ねた歴史的に永い字句の考証の跡は大いに敬服、尊重しなければならないことは当然だが、それらを参考としながらも、自分なりの解釈を、仮にそれが「誤訳」に陥る恐れはあっても、大胆かつ自由に試みることも許されるであろう。そこでこの「誤解する権利」に励まされて筆者はこう考えたい。赤ん坊は成長へのエネルギーと柔(やわ)らぎに満ちた存在である。したがって、いまだ交合を知らないのに、というよりは、知らないがためにエネルギーがあり、成長するようにしっかりとつくられている。前述の二つの異なる解釈のうち、後者のように「全作」として捉えたほうがよいのではなかろうか。

そして次に続く部分を仮に記せば、こんなふうになる。一日中泣き続けても声が嗄(か)れないのは、柔らぎにあふれているからだ。人間にこうした柔らぎがあるということを知るのが永遠の道であり、真の智慧なのである。いたずらに命を永らえようとしてあくせくするのはよろしくない。あれこれと表面的なことにかかずり合うのは強がりでしかない。おしなべて、強く勢いのよいのはやがて老いて衰える。自然なことつまり柔らぎに反して、無理なことをするのは道に適っていない。道に適っていなければやがて滅びてしまう。

命永らえようとして、むやみに健康食品や薬に走ったり、過度に体や保健に気をもんだりする、いまの「健康ブーム」の行き過ぎの風潮を思うと、ここで言われている、自然で無理をしない生き方に学ぶべきところが多いのではないか。

さて、赤ん坊を真正面から取り上げたこの章は、赤ん坊の柔らぎとエネルギーの充満、自然に則って生きること、などが理想とされている。すなわち、これは、先に引いた第一〇、二〇、二八、七六の各章とともに、柔軟、無垢の純粋さ、純真、無為などの象徴として、赤ん坊こそ、人間が復帰すべき本来的あり方、原点であると説くものである。

このように、『老子』においては、赤ん坊が、人間のあるべき姿すなわち無為自然の理想状態とされている。初めのところでも触れたように、『老子』の思想の中核である「道」(タオ)のシンボル的表現のひとつが赤ん坊なのである。

『老子』に見られるこの子どもイメージつまり子ども観は、きわめて特異なものと言える。例えば、儒教の場合は、人間関係のモラルとして、五倫(五教)の中で父子の親(孝)、君臣の義、夫婦の別、長幼の序というタテの秩序を根幹とする。

このうち、夫婦に別ありとする考え方は、広く男女の別となり、男が天、陽、女が地、陰とされ、そこから、女性の教養書である「女大学」などで強調されて、女は男に従順であるべきものと見なされ、男女の間の差別意識が助長、拡大されるに至った。だが、もともと、儒教にあっては、男女は天地、陽陰の関係にあり、どちらか一方が欠けても調和が成り立たないとするものであり、不当な女性蔑視とか差別的な軽視があるのではない。まして、明治の教育勅語では、儒教の「夫婦の別」を避けて、と言うよりは、あえて近代性を以て、「夫婦相和し」と明確に表現した。他方、今日のジェンダー論の一部に、ジェンダー・フリーあるいは「男らしさと女らしさ」を性差別だとしてそれの否定、排除を主張する向きもあるが、前提としているのは儒教本来の男優位のタテ関係である。

これに対して、『老子』では、既に触れたように、女、母は、「道」の象徴である。女も母も、柔であり弱であるがゆえに、かえって無為、自然さを本性とし、あくまで受容する大いなる存在であり、剛、強を主張する男よりも、根源的で、復帰すべき理想なのである。だから、儒教が男優位とするなら、『老子』は女優位の思想とすら言える。日本のジェンダー論の研究者も、その主張の根拠をいたずらに西洋ばかりに探し求めないで、『老子』をしっかり検討してみた方が、逆転の発想から得るところが多いはずである。

さて、再び、子ども観に戻る。儒教では、子どもはあくまでタテの秩序のもとに位置づけられ、いわば大人がモデル（手本）となり、子どもは小型の大人と見なされる。一方、西洋の場合でも、ユダヤ教などに特徴的なように、子どもには悪が潜〔ひそ〕んでいる、だから、しつけや教育によってそれを遂い出す（旧約聖書、箴言、第二三章）とある通り、これもやはり手本とされるのは大人であり、子どもは厳しい養育と教育の対象とされる点で、儒教と相通じるものがある。他方、日本では、子どもは「神の子」、聖なるものであって神や佛から恵まれ、授かった「子宝」とされるのが、伝統的な子ども観であった。子どもに神聖な価値を認める点で、儒教やユダヤ教とは対照的である。しかし、にもかかわらず、子どもはあくまで教育の対象、客体であることには変わりなく、三者ともにこの点においては軌を同じくする。それに対して、『老子』の子ども観にあっては、人間の本来あるべき理想としての主体となる。

思想的には、このように、『老子』の子ども観は人間の理想、目標であり、自然状態を示すものとして、復帰すべき、人の生きる上での導きとなるが、現実に、子どもに対する教育の場合、どのような手がかりが得られるのか。いま、教育の哲学として、『老子』から学びうる示唆として、三つの点に注目してみたい。

まず第一は、もちろん、無為自然の存在としての子どもを認め、あるがままのその本性を尊重するということである。手を加え過ぎたり、過干渉、行き過ぎた介入も控えるべきは当然のことであり、逆に、子どもに対する暴力、強制、棄避なども、ともに子どもの尊さの否定である。いわば、大人の我執、とらわれの表われとも言える。復帰すべき理想とされたのが赤ん坊であり子どもでもあるわけだから、それの尊重の上での養育と教育でなければならない。『老子』全篇にわたる根本理念である自然の尊さの強調は、とりも直さず、子どもの尊さの訴えにほかならないであろう。

このところ、子どもに対する虐待や殺傷など、目を覆うばかりの残忍、非道な事件が相次いで起こっている。鬼畜の所業とも言うべきケースも少なくない。その「畜生」とされる動物でさえ、親は自らの身を犠牲にしてでも、子を守り育てる場合も多い。だから、動物にも劣る人間というべきだろう。背景や原因はいろいろあるに違いないが、ただひとつはっきりと言えることは、日本の伝来の美風である子ども信仰、子宝観が、しっかりと伝えられていないこと、つまりは伝統的子ども観の教育が稀薄になってしまった点にある。

さて次に第二として、『老子』から窺われる、教育への原理として、拙速に走らず、ゆっくりあるいはじっくりと成長を見守るということである。右の第一の点とも関連するが、あまり、子どもをいじくりまわさず、過度な作為を避け、自然（無為）に委ねるという態度である。

『老子』の政治哲学として、「大国を治むるは、小鮮を烹〔に〕るが若〔ごと〕し」（第六〇章）というのがある。大国をよく治める要諦は、ちょうど小魚を煮るように、やたらにいじくったり突っつきまわしたりしない方がよい、という意味であり、『老子』特有の無為、自然を尊ぶ立場の表明である。子どもの教育にあっても、このような、手の加え過ぎやかきまわしを控えるということも大切な戒めとなろう。これは、同じように、第四一章で言われている「大器は晩成」という表現とも連なる。すなわち、真にすぐれた人間は大成するのが晩（おそ）い、つまり、大器になるには時間がかかり、いつまでも完成、出来上がりということはなく、その未完のままの方が、発展の可能性がある、という意味であって(18)、本章ですでに触れた、旅の「途上性」の真の姿と考えられる。

教育の哲学としての第三の点は、だからといって漫然と放置し、手をこまねいて子どものそのままを無条件に認め、ほったらかしにすることではない。小さな、細かい点にまでよく留意し、配慮することも必要、という主張である。小、細のうちに手を打っておく、とする用意周到さを述べている第六三章がそれである。これも政治哲学の一つであるが、教育にも当てはまる教えと読めるものである。「無為を為し、無事〔むじ〕を事とし〔中略〕難を其の易に図り、大を其の細に為す。天下の難事は、必ず易より作〔おこ〕り、天下の大事は、必ず細より作る」。意味するところは、無為、無事を理想として、難しいことは容易なうちに、大事は小事のときに処理しておけばよい、それをしないでそのまま放っておけば、難事となり大事に至ってしまう、したがって、未然にそうならないように細心、慎重な対応が必要だ、とする立場である。子どもの教育にあっても、早くからしっかりと目を配り続け、十全な成長を遂げるように、小さな、細かいこともなおざりにせず、注意深く見守っていくことが大切であろう。

以上、『老子』の子ども観と、教育における導きとなる原理を三つの視点にわたって見てきた。それら全体を通しての基本の哲学は、要するに、無為、自然、とらわれないこと、つまり「道」を目指し、「道」への復帰の道をたどる旅と言える。「道」に至る方法ないしきっかけとして旅を考えることができるのではないか。いわば、「道」への探究のための補助線としての旅である。

もっとも、『老子』の場合、「旅」が取り上げられたり、勧められたりしているわけではない。むしろ、旅とか移動、あるいは外部との交流ということははっきり否定、排除すらされている。旅を明確に否定している個所としては、例えば、「戸を出でずして、天下を知り、〔中略〕其の出ずること弥〔いよ〕いよ遠くして、其の知ること弥いよ少なし」（第四七章）とか、次の第五章で取り上げる、『老子』の理想境が語られている、有名な「小国寡民」（第八〇章）の世界などに明らかである。

この理想境は、独立・自足の安定している小国家であり、外界とは隔絶し、人びとはその中で安住し、外への旅、移動も、他国との交流もない閉鎖的な桃源境である。

このように、「外への旅」は否定されているわけだが、考えてみれば、これは逆に、「内への旅」の勧めではないのか。つまり、外や表に目を奪われるより、足もとをしっかり見つめること、「脚下照顧」の教えであろう。外へ出かけたり、遠くへ行けばそれだけ知ることは少なくなり、不確かなものになる、ということは、逆に、内へ、近くへ向かうこと、それが「道」、無為、自然に至る近道だとするもので、これは「道」を求めての旅ということになると思われる。

「外への旅」と「内への旅」という点で、『老子』のこの考え方に近いものとして、ローマ時代初めの哲学者セネカ（Lucius A. Seneca, 前五〈四〉～後六五）を挙げることができる。『セネカ道徳書簡集』に、こういう文章がある。「長い旅をし、いろいろな地方を回っても、心の悲しみ苦しみを追い払えなかった。『君は心を変えるべきです。気候を変えることではありません』。ソクラテス『方々へ旅しても、それが君には無益であったことを君はどうして驚くのか――君自身を持って回っているのに』(19)。これは、富や名声、地位などを得るための旅ではなく、真の知を求める旅が、物理的に他の地方や外ばかり向くのではなく、自己自身の内への旅こそ大切であることを示したものと言うべきであろう。内への旅とは、『老子』の場合、先にも触れたように、究極的には、「道」への復帰の旅であるが、その旅はしかし容易に到達しうるものではない。むしろ、その「道」を求める努力にあって、いまだ道半ばつまりは途上性の自覚こそ肝要とする立場にほかなるまい。「道」への慎みの気持ちと言ってもよい。先に引いた第四七章の「戸を出でずして、天下を知り……」とする箇所のほかに、これと同じ趣旨の文章が第七一章にもある。

すなわち、「知って知らざるは上なり、知らずして知るは病〔へい〕なり」とある。福永氏はこれを「知っていても知らないと思うのが最上で、知らないのに知っていると思うのが欠点である」と訳している(20)。知に至る中間者的存在、それを探究する道半ば、過程（プロセス）に居ること、すなわち、旅の途上性こそ、人間の本来的姿と考えているのであろう。とすれば、人間はまことに旅に生きる存在にほかならず、とくに教育にあっては、この途上性という旅の本性そのものとも見なすことができる。

『老子』にあっては、既に述べたように、旅や外との接触、移動は想定されていない。だからと言って、今日の日本の教育を考える場合、旅を否定したり度外視するわけにはいかない。むしろ、旅に出ることによって他の地域の文化や情報に接して、新しい知識と理解を広げ、深めることもきわめて大切である。

現代の子どもたちは、テレビやインターネットなどにより、非現実的世界、抽象の虚構空間に親しむ結果、生身の感覚を通しての具体的な現実体験と認識の力が弱くなってしまっている。そこに実物、現実に触れる機会を失い、さまざまな現実経験の欠如から来る偏りの人格を招き、そこから犯罪すら生まれる。また、現実の体験や感覚が稀薄になることに関連して、他者とのつき合い方、コミュニケーションの取り方も不得手になり、自閉的、自分勝手の切り離された世界に閉じこもり、数かずの問題もそこから発生する。したがって、旅とくに外へ出かける人間の移動、遍歴は、現代教育にあって、不可欠の領域として、ますます重視、拡大されなければならない。

旅は、外の世界に触れ、それを通して自らの内の世界に迫ること、自己自身を見つめ、自他を相対化する知的慎みと「道」つまり真実なるもの、偉大なるものへの畏敬をもつこと、その点で、自己へのとらわれと執着から離脱することを通して、真に学び続けることになる。そうした旅は、まさに人生にとってはもちろん、教育や学問において不可欠の視点となるものであろう。旅に出ることはもちろん大切であり価値はあるが、それとともに大事なのは、自己自身への旅の心をもつことである。したがって、教育において、もっと移動、流動、遍歴の精神を培い、また、そうした動きを活発にすると同時に、教育を旅そのものと考えることも大切であろう。結論的に言えば、「教育に旅を、教育を旅に」と考えるべきであろう。

第五章　良寛と旅と『老子』と

新潟県の中部、海沿いに位置する弥彦山近くの国上山（くがみやま、約三〇〇メートル）に、良寛が隠棲していた五合庵がある。山の中腹で斜面を少し平らにしたような狭いところに、鬱蒼とした杉木立とさまざまな樹々や竹薮に囲まれ、冬には雪に埋もれ、夏には、緑陰によって強い陽差しもやわらげられて、それはひっそりとして建っている。茅葺きのごく簡素で静かなたたずまいである。

良寛の行動軌跡は、もともと経歴資料とすべき確かなものが少ないため、はっきりしたことが分かりにくく、この五合庵で住んでいた期間も確定しがたい。ただ、およそのところ、一七九八（寛政九）年、四〇歳の頃から約五年ほど住んだのち、しばらく他の場所で転々と寄寓し、一八〇四（文化元）年、四七歳のときに、庵に戻って腰を落ち着け、そのまま約一〇年近く過ごしたが、老いの身には山での暮らしがついに厳しく辛くなったようで、一八一一～四（文化一一～一四）年頃、六〇歳前後でここを離れて、山の麓の乙子（おとご）神社の境内にあった別の庵に移ったと見てよいようだ。足かけ約二〇年に及ぶ五合庵での起居であった。いま建っている庵は、一九一四（大正三）年に再建されたものだが、それでも風雪に耐えて残り、良寛存命のころの往時を偲ぶことができる。

筆者は若い頃、良寛という人物はあまり好きになれなかった。というよりむしろ嫌いな方であった。人に寄食して転々としながら、乞食（こつじき）と詩歌にあけくれ、子どもと遊び戯れて、為すことも無く過ごし、最後まで人の世話になって死んだ。まことに非生産的で、世のために資することもなく、独立の気概と活力に欠けた徒食の人生を送った人、と思いこんでいた。しかし、いま現代という時代に立ち返って、良寛を思うと、そのような私のイメージはすっかり変わった。歳のせいもあるのかもしれない。筆者も、すでに七〇歳、古稀となり、人の世の騒がしさに煩わしくなり、虚しさに気づくようになってきている。実際、今日は、機械と技術の驚くばかりの発達、それに伴う人間の心の荒廃、モノ、カネへの果てしない欲望、日本の伝統的な美質であった互いを慈しみ合いこまやかな人間関係を基軸とする文化も崩れ始めつつあるかに見える。そんな人工と作為の世界の昂進、それとは逆に、自利と利己ばかりに走り、他者への思いやりや気遣いを忘れてしまいがちになっている、今の日本人における精神の衰退などを思うとき、筆者は、自然の中で、あるがままの平穏さを好み、厳しい禅僧としての修行の生活の中でも詩歌を詠む愉しみを忘れず、自らの世界を生きて、しかも人に心からの安らぎを与えた良寛への想いがますます強くなって来ていることを感じる。

彼は、前章でも少し触れたことだが、もともと越後出雲崎の名主の長男として生まれた。親の後を継いで名主の役も務めたのだが、正直すぎる性格のためもあってよくその任を果たしえず、結局、家を弟に譲り、一八歳とも二二歳とも言われるが、ともかく二〇歳前後のとき近くの曹洞宗の寺で出家し、良寛と号した。別号を大愚ともいう。当時、出雲崎を訪れていた備中玉島のやはり曹洞宗・円通寺の和尚、国仙に従って玉島へ移り、そこで約一〇年ほど修行した。のち、四国、九州などを行脚し、一七九五、六（寛政八、九）年頃に帰郷した。そしてさきの五合庵に隠棲し、以後も転々、生涯、寺を持たず、自然の中の自由人として生きた。没年は一八三一（天保二）年、享年七四であった。

あづさゆみ　春さり来れば　飯こふと　里にい行けば
里こども　道のちまたに　手まりつく　われも交りぬ
そがなかに　ひふみよいむな　汝がつけば　吾はうたひ
吾がうたへば　汝はつきて　つきてうたひて　霞たつ
ながき春日を　暮らしつるかも（1）

良寛は、子どもたちと手まりをついたり、草合せをしたり、かくれんぼに興じたりして自らたいへん子どもと親しみ愉しんだ。道を行く大人たちから、そんな様子をなぜと聞かれても、彼は何も言わずただ頭を下げ面を伏せるだけだった。答えようもなく、訳を言うにしてもそれは詮無いことで、それでもあえて自分の気持ちを問われれば、ただ見ての通りとでも言うほかはない。

低頭して伊（これ）に応えず
道（い）い得るとも　也（また）　何（い）かに似せん
箇中の意を知らんと要せば
元来　只　這（こ）れ這れ（2）

霞たつながき春日をこどもらと手まりつきつつこの日暮らしつ（3）

漢詩や和歌で、子どもたちと手まりをついて遊んだことが、たびたび詠われている。確かに彼はまりつきが好きで、つくのも上手だったらしい。まりつきのほか、草合わせなどもよくやったようだ。草合わせというのは闘草ともいわれ、わが国でも中国でも古くからある遊びである。虫合わせ鳥合わせなどとともに、物合わせの一つで、二手に分かれて、お互いに草や花を出し合い、その有無や優劣を競う。特定の草花についての遊び、たとえば、菖蒲合わせ（五月の節句に行なわれた遊びで、根の長さを競う）、花合わせ（とくに桜の花について、その美しさを第三者に判定してもらう）、そのほか撫子（なでしこ)、菊、紅葉合わせなどもある。いずれにしろ、これらの草や花の物合わせはもともと王朝の貴族たちのあいだの優雅な遊びであった(4)。それがやがてひろく庶民や子どもに広がっていったものであろう。

良寛が子どもたちとの遊びを娯しんだのは、とりもなおさず、一人を愉しんだからである。何かにとらわれることなく、自分なりの世界の中でつつましく、ゆとりを愉しみながらの生き方であった。とはいえ、一人を愉しむということは、世間とのつながりを断ったり没交渉になって、ひたすら自らの裡へ閉じこもってしまうのではない。「世の中にまじらぬとにはあらねどもひとり遊びぞわれはまされる」(5)。けっして人間嫌いからではなく、自足ないしは知足、つまりは無欲の生き方への願いと覚悟によるものであった。

「欲無ければ一切足り　求むる有りて萬事窮す」、欲が無ければあるがままで十分、欲しい物を求めればきりがない、だから、食べる物は飢えを充たすだけでよく、着る物は僧の衣だけで結構、ひとり山に住んで鹿を友とし、谷川の水の音に耳を傾け、峰の松の緑に眼をやすめ、里へ下りては子どもと歌い、遊ぶ、これこそわが生き方、と詠うのであった(6)。

その生き方は、欲望にとらわれず、世俗のしきたりやモノに執着しないと同時に、一つの処に固定し安住することなく、遍歴の旅を尊ぶ、流動への願いと軌を一にするものでもあった。

一たび家を出でてより　／　蹤跡（しょうせき、ゆくえ）雲煙に寄す（雲や煙のようにさまよう）。／　或は樵漁（木こりと漁師）と混じ　／　又児童と共に歓（たの）しむ。／　王侯曷（なんぞ）栄とするに足らん　／　神仙亦願ふところに非ず。　／　遇ふ所便なれば即休す　／　何ぞ必しも丘山を嵩（たっと）ばん　／　波に乗じて日に新に化し　／　便游年を窮（きわ）む可し[7]

流れゆく水のように、寄せては返す波のように、気の向くままにさまよい歩き、さまざまな人びとと交わり、子どもたちと親しみ、まさに悠々自適の日々を愉しんだ良寛であった。その境地は、まことに「生涯身を立つるに懶（ものう）く騰々天真に任す」[8]、世の中で何か仕事をしてしっかり生きていこうとする気持は無く、ただあるがままの自由さのうちに人生を過ごそうとする、まさに行雲流水が理想とされた。まことに、良寛もまた旅の人であった。

五合庵で約二〇年、やや定着の生活を送ったにしても、心は流れの中にあり、移ろいのままに、一人愉しむことであった。

静夜草庵の裏（うち）
濁（ひとり）奏す没絃琴（ぼつげんきん、絃の無い琴）。
調（しらべ）は風雲に入りて絶え

聲は流水に和して深し。
洋々渓谷に盈（み）ち
颯々（さつさつ、さっと吹く風の音）山林を度（わた）る(9)。
〔下略〕

山林に独居して、なお一人、清雅を愛して過ごす良寛がいま彷彿として迫ってくる。簡素な暮らしの中で自然に和して、まさに足るを知り、ゆとりを愉しむ姿である。あるがままの自然のもと、流れる水に身を委ねるように、彼は生きたのであった。こうした自然への没入とその中での安楽と静謐は、東アジアに共通な自然観の現われでもあろう。そのような自然観を如実に語るのが、中国の東晋・南朝宋代の詩人陶淵明（三六五～四二七）の「桃花源記」いわゆる桃源郷の寓話であろう。実際、いま挙げた「静夜草庵の裏……」という詩も、陶淵明にちなんだものといわれ、また、彼自身好んで陶淵明も読んでいたようだ(10)。

陶淵明はもともと役人であったが、やがてのちに、それを嫌い、自然にはぐくまれた田園生活を送り、詩作をして愉しんだ。原始的な共同生活を理想として描いたのが「桃花源記」である。

ある漁師が船をこいで谷川を遡って行くうちに、どれくらい進んだか分からなくなってしまった。すると突然桃の木の林が広がった処へ出た。一面桃の木ばかりで、桃のかぐわしい香りが漂い、花びらが美しくひらひらと舞っている。漁師はたいへん不思議に思い、もっと進んでその林をよく見てみようとした。

林は水源に尽き、便（すなわ）ち一山を得たり。山に小口有り、髣髴（ほうふつ）として光有るが若し。便ち船を捨てて口より入る。初は極めて狭く、纔かに（わずかに）人を通すのみ。復た（また）行くこと　数十歩、豁然として開朗なり。土地は平曠（へいこう、平らで広い）にして、屋舎は儼然たり（おごそかで立派）。良田、美池、桑竹の属（たぐい）有り。阡陌（せんぱく、阡は南北の道、陌が東西の道）交り通じ、鶏犬相聞こゆ。其（そ）の中に往来し種作する男女の衣着は、悉く外人（外国人）の如し。黄髪（老人）垂髫（すいちょう、垂れ髪・うない、の意味で子どものこと）、並びに怡然として（喜び楽しむさま）自ら楽しめり（詩の読み方と前後の説明は、松枝茂夫・和田武司訳注『陶淵明全集』下巻、岩波文庫、一九九〇年、一五二～五頁による。カッコ内は引用者の補記）。

その村人たちは漁師を見て、たいへん驚き、一体どこから来たのかと聞いた。漁師がことの次第を答えると、彼らは自分たちの家に連れて行き、酒やご馳走で歓待した。村中の人がこのことを聞きつけてやって来たので、漁師がいろいろと尋ねてみると、彼らは、昔秦の時代に乱を避けて村中でこの「絶境」へやって来て、以後ここから外へ出ることはなかったのだという。そのため今がどんな時代かも知らなかった。漁師は、なお数日、この隠れ里のような処で歓待を受けながら留まったのち、帰った。

辞し去るとき、彼らから「決してここのことは他言してくれるな」と言われたという。

漁師は、帰ってから、領主にこのことを話したら、領主はそれを聞いて、使いの者をその村へ差し向けたが、道に迷って行くことができず、その後も再びそこを尋ねることができた者はいなかった。

古代中国のこの桃源郷の物語は、以後、日本や朝鮮半島を含む東アジアの理想郷寓話の原型となり、さまざまに語り継がれたり、夢や願望をはぐくむに至る。さきの良寛の場合なども、おそらくこの「桃花源記」の世界が脳裏にあったのであろう。桃源郷とユートピアとは違う。同じ夢物語ではあるが、ユートピアの方は西洋のそれであり、あくまで人工によって、ということは人間の作為によって作られた夢世界である。古代ギリシアのプラトン（Platon, 前四六七〜三四七）が『国家』（*Politea*）で描いた理想共同体のイメージも、末期ギリシアの史家プルタルコス（Plutarchos, 四六頃〜一二〇以後）が『英雄伝（対比列伝）』において叙述した、スパルタの伝説的英雄リュクルゴス（Lykurgos）によって基礎づけられた国家体制も、ともに完全平等を原理とする原始共産制国家である。徳の支配の行き渡った平和の社会であり、ユートピアであり、西洋におけるこの後のユートピア思想の源流となった。社会主義、共産主義もその流れを汲むものである。

西洋のユートピアと東洋の桃源郷は、ともに平等と安寧の極致として、人間が果てしなく夢見つづけた理想郷である。力による理不尽な支配と服従も無く、王侯と奴隷、富者と貧者、男と女といったタテの序列や差別ともまったく無縁な世界である。そうした基本的な特徴においては共通なのだが、決定的に異なる点がある。

それは何か。ユートピアは、いま言ったように、あくまで人工的ないしは作為的なものであり、人間によって意図的に作られた世界であるのに対して、桃源郷は人間の力や働きかけによってではなく、自然に在る世界なのである。「意図的に作られた」のと「自然に在る」のとでは、真に対照的である。つまり、人間と人間が住み生きる自然や社会との関係において、前者の「意図的に作られた」方は、人間が主体となってその自然や社会を客体として、改変、改革する対象として向かう。自然の改変や征服、社会の改革や革命がそこから生み出される。主体と客体の間には、距離と断絶があり、関係は非連続である。

他方、桃源郷は、まことに「自然に在る」世界である。人間の側からの思惑も作為も無く、それを超えて、自然はまさに自然に在る。人も社会も、それぞれ自ずから然（しか）るように在るのである。だから、人間と自然・社会との両方の関係にあっては、主体と客体の違いも無ければ、距離と断絶も無く、連続的である。人と人、人間と自然、ともどもにみな包まれて一つとしての存在である。この理想世界は、さきの「桃花源記」に明らかなように、何処とも知れないある秘境にあり、外界と隔絶している、外からは閉ざされた空間である。その点では、スパルタが対外防衛のために自閉的体制をとっていたことにも通じる。ユートピアも桃源郷も、この世から遠く離れ非現実的であるがゆえにこそ、逆に、現実に対する反省や批判の拠り所になる。もともとユートピアという言葉は、イギリスのトーマス・モーア（Thomas More, 一四七八〜一五三五）の *Utopia*（一五一六）から使われ始めた。それは、モーアの造語であり、ギリシア語の ou·topos すなわち英語で言えば no·place つまり nowhere の意味である[11]。どこにも無い、現実には存在しない、というのがユートピアの基本的な特徴だ。だからこそ、現実に対して距離を置いて批判的に眺めることができるのである。

東洋の桃源郷の系譜はさらに古く、はるか昔の『老子』や『荘子』にまで遡るもののようである。『老子』については前章でも触れたが、たとえば、第八〇章には、理想郷が描かれている。『老子』も諸家によって、いろいろな読み方と解釈の仕方があるが、いま、筆者が最も興味を以て読んだ福永光司氏の読み下しを引いてみる。「小国寡民、什伯の器有りて用いざらしめ、民をして死を重んじて遠く徙（うつ）らざらしむ。舟輿（しゅうよ）有りと雖も、之に乗る所無く、甲兵有りと雖も、之を陳（つら）ぬる所無し。人をして復（ま）た縄を結びて之を用い、其の食を甘（うま）しとし、其の服を美とし、其の居に安んじ、其の俗を楽しましむ。隣国、相い望み、鶏犬の声、相聞こえて、民、老死に至るまで、相い往来せず」。

なお、同氏の訳文ではこうなっている。「小さな国に少ない住民。さまざまな文明の利器があっても用いさせないようにし、人民に命（いのち）を大切にして遠くに移住させないようにする。かくて舟や車があってもそれに乗ることはなく、武器はあってもそれを取り出し列べて使用するようなことはない。人民に今ひとたび太古の時代のように縄を結んで約束のしるしとさせ、己れの食物を美味いとし、その衣服を立派だとし、その住居におちつかせ、その習俗を楽しませるようにする。かくて隣の国は向うに眺められ、鶏や犬の鳴き声は聞こえてくるほどに近くても、人民は年老いて死ぬまで他国に往き来することがない」(12)。

ここでもやはり、外とは隔絶したものとして描かれている。閉鎖社会であり、旅も流動も無い。完結し自足した世界における安住と平穏の幸せの中で人びとは暮らしている。文明の用具や武器はあったにしても、それらを使うこともない。「縄を結んで約束のしるし」にするというのは、文字の出現以前に見られた古代の慣習である。つまり文字とか知的情報に頼ることもない、人間本来の自然的なあり方こそ理想とするものであろう。『老子』の基本哲学はまさに、このあるがままの自然に従って生きることにあった。文字も知も自然に逆らう作為、人為に他ならないとされたのである。

ところで、この『老子』という書物を書いた老子とはどんな人物だったのか。老子についての最古の記録は、司馬遷の『史記』(漢代、前九〇年頃)の中の「老子伝」であるという。それによると、春秋時代(前七七〇～四〇三年)の末、周の守蔵室の史(宗廟附属の図書館の役人)をしていた、李耳、字(あざな)を聃(たん)という人で、孔子(前五五一～四七九)に教えたことがあり、孔子から龍を見るようだったと評されたという。ある人名辞典(三省堂コンサイス版)などには前五七九～四九九年頃の人としている。しかし、中国でも日本でも、その実在を否定することが多く、さきの『史記』の記述も疑問視されている。

『老子』は、道と道徳について五千余言を以て書かれている。しかし、老子という人物の実在が疑わしいのと同様、この書物も、同一の人が、同一の時期に、個人の著作として成ったものではない、とするのが通説のようである。福永光司氏によると、「老聃という村落に隠棲する一人の哲人の哲学ノート的な著作——したがってそれは彼以前の箴言・俚諺的な処世の知恵、道家的な古語、成句を己の詩作の助けとして多く摘録する——を基として、それが彼の哲学に共鳴し、彼の処世の知恵に学ぼうとした人びとによって伝承され祖述されているうちに、敷衍や加増の文章をつけ加え、さらに漢代以後における幾度かの校訂整理の作業を経て現在のテキストに落ち着いたもの」という(13)。なお、別の説によれば、『老子』は前四〇〇～二〇〇年頃に、その思想体系が成立し、今日見るような形は紀元後二四九年に没した魏の王弼が注を施したものを最古とする、とされる(14)。

『老子』において、最も基本をなすのが「道」という考えである。この「道」についての説明は、第一章に、たとえば次のようになっている。「道可道非常道。名可名非常名。無名天地之始。有名万物之母。故常無欲以観其妙。常有欲以観其徼（きょう、あからさま、形ある現実世界）。此両者。同出而異名。同謂之玄。玄之又玄。衆妙之門」(15)。読み方も解釈の仕方も、研究者によってさまざまである。訳においては、福永光司氏と小川環樹氏はやや近く、いま、その二者の訳文を参考にしながら、筆者なりに解釈してみると、およそこんなふうになる。ものごとの根本原理である道というものは、これが唯一絶対だと言葉で語ったり、規定したりはできないものである。その道は、天地が開けるまでは、名づけることのできないもの、名無きもの、つまり無だったが、開けてからは、名づけることのできるもの、名あるもの、つまり有が生まれる。欲望をもたない者のみが、妙（道である本質や実相）を見ることができる。欲望のある者は、道の結果、対立や差別などしか見れない。

これが、福永氏と小川氏にほぼ共通する解釈だと思われるが、奥平卓氏の方はかなり異なる。すなわち、無はつねに現象（有）として現れようとし、有はつねに現象以前の状態に返ろうとする。無も有も、同じものだが、われわれの知覚に上る場合を異にすることによって違った名が与えられる。この解釈では、現象つまり有から現象以前つまり無へ立ち返ることとの大事さを言っているのであろう。だから、根源が無であることの認識では先の福永氏らの見方と基本的には通じるものがある。

次に、後段の部分である。ともかく、名づけ得ないもの、名無きものすなわち無と、名づけうるもの、名あるものすなわち有とは、根源において一つの同じもの（妙）から出てきたもので、神秘、不可思議なもの、奥深くて計り知れないという意味で玄と呼ばれる。というより、こうした玄よりさらに計り知れない玄という。万物は、その、根源において一つのもの（妙、玄）を門として生まれてくる。

以上が、第一章の大意である。この中で、キーワードになっている玄というのは、辞書によると、色で言えば黒とくに赤みを帯びた黒で幽遠な色のことであり、そこから転じて天、上帝、真理などをも意味して、老子や道家にとっては根本の道であるとされる。だから、老荘の学は一名「玄学」とも言う。なお、福永氏によれば、玄は真っ黒の色でなく、何度も染められて真っ黒になる一歩手前の色で、わずかに赤みを帯びた黒色であり、そこから、年功を重ねている、経験を積んでいる、老成している、といった意味もあるという(16)。確かに、「くろうと」に「玄人」という字を充てることを思えば、玄のニュアンスはよく分かる。日本で裁判官が法廷で着る法服が黒色なのも、よく言われるような何ものにも染まらず中正を保つという意味のほか、この成熟なり真理の体現者としての象徴を現わしているためということもあるのではないか。ついでに、玄の意味を活かして、とかく今の日本で「老人」という言葉が嫌われて「高齢者」とか「高年」「熟年」などと言い換えているが、思慮や経験に富む「老成」という積極的な意味を「玄」に託して「玄人」(「くろうと」と区別するため「げんじん」でもよいかも知れない)と表現してもよかろう。もっとも、本来、敬意と尊厳の意味の「老」を用いた「老人」が嫌われること自体、「敬老」という日本の優れた伝統的文化の衰退を示しているわけで、「老人」を改めたり、言い換えをする必要はないように思うのだが。

それはさておき、話を元に戻して、『老子』における基本的なイメージによると、道、妙、玄の本質は無、名づけ得ないものであり、天地が開ける以前の世界にこそそれらが存在した。それが、天地が開け、「門」が開いて、現実の有の世界になった、ということであろう。つまり、根源の理想世界と現実のこの世との境目が「天地が開ける」こと、つまり「門」ということではないか。こうした境目のイメージがおそらく、前に引いた、「桃花源記」の物語における山の「小口」という設定になったのではないだろうか。すなわち、現実のこの世から狭い「小口」をやっとくぐり抜けてみると、やがてそこに香しく美しい、しかも平穏、静謐の理想世界である桃源郷がある、つまり『老子』の道、妙、玄の世界がぽっかりと開いている。そんなイメージの系譜と連続があるように思われる。

では、その理想世界における人の生き方の原理は何か。すなわち『老子』で説かれている道、妙、玄などの具体的な在り方は何なのか。幾つかの点にわたっての説明がある。まず、石であるよりは水のようであれ、堅さより柔らかさこそ望ましい、とする。すなわち、水は形が無いけれどもあらゆる形あるものに従って自在な形となり、入れ物の形によって円くも四角にもなる。つまり自らの主張はないが低いどんなところへも流れて、広く深くしみわたり、自らを実現する。道や善と同じようなものである。まさに前の第四章でも触れたが、「上善如水」（上善水の如し）なのである（第八章）。

水についてのこのような類の説明は各所に見られるが、いま、第四三章を、福永氏の訳がたいへん説得的なので、それを参考にしたい。「世の中でこの上なく柔（しなや）かのもの、すなわち水は、世の中でこの上なく堅いもの、すなわち金石をも思いのままに動かし、己れの定形をもたぬもの、すなわち水は、どんな隙間のないところでも自由にしのびこむ、だからわたしは、柔かで、かたちにとらわれぬ生き方――無為の処世の有益さを知るのだ。言（ものい）わぬ教えと作為なき在り方の有益さは、世のなかでこの水に及ぶものはない」(17)。

水を理想のシンボルとするこの考え方は、同じように、堅強よりは柔弱がよく（第四〇、七六章）、重より軽、躁がしさより静かさ（第二〇章）、男性より女性が（第二八章）、それぞれ根源であるとする。

以上のように、『老子』における理想的人間像は、すべてを天地自然の営みに任せ、人為、作為を去って、あるがままに生きることである。一つの形や見方、考え方、在り方にとらわれることなく、あれもこれもの多様さを受け入れる、寛容と相対化を良しとする。

近代の教育は、知と徳、合理と非合理のそれぞれの分割、そして何よりも、モノと心との乖離の方向を強め、そこにさまざまな問題を生みだした。そうした分割的、細分化的な傾向は、もともと近代とくに西洋近代のもつ基本的特徴でもあった。そこから、果てしない人工化と作為化も進行する。

近代とくに戦後のわが国においても、教育はますます形式化と人為化をはなはだしくしてきている。子どもに対する親や教師の不必要なまでの過保護や手の加えすぎ、飽食とモノ、カネへの欲望の果てしない追求、現世を超えたもの、あるいは人間を超越したものへの思いを忘れて、この世だけ、ないしは人間を万能とする、不遜や傲慢さ、などの弊害をもたらしている。そうした近代の閉塞を拓き、近代以後（ポスト・モダン）の教育のゆくえを考える際、改めていま、良寛や『老子』におけるような、ものごとにとらわれず、自然のままに生きるという理想に思いを寄せてみることも必要なことではなかろうか。

第六章　教育と佛教
――「貪弱《どんじゃく》」を去り、調和に生きる――

日本は、西洋の先進諸国と同時期である一八七〇年代の初めに教育制度の近代化の歩みを始めた。その歩みは、近代以前つまり明治に至るまでの江戸・徳川時代の教育の集積と伝統、特質をある程度引き継ぎながらも、新しい各般の要素と色合いを大胆に付け加えながらの出発であった。すなわち、歴史的な展開の過程であるから当然なことだが、これまでの伝統的、自生的なものを基盤とし、それらと連続的に、新たな時代に必要とされる創造的、外来的なものを取り入れてゆく、という筋道をたどった。しかし、その取り入れと定着化の過程は、とりわけ教育の場合、連続性の側面なり要素もかなり色濃く見られたが、一方では、非連続的な性格をも強くもってしまったのである。ひとことで言えば、明治以前のいわば前近代の教育のあり方における包括性とでもいえる性格なり特質が薄れ、逆に、分離性ないしは分割性がたいへん強まった。

前近代の時代における教育は、学校と学校外の場すなわち家庭、さまざまな社会の集団、いろいろな人間関係など人間を取り巻く広く、多様な側面にわたって行なわれていた。教育をするというはっきりとした目的なり意図のもとに存在した学校はもちろんのこと、家庭では家庭なりの日常生活を通してのしつけや訓練がなされ、また、社会の集団や場ではさまざまな人間関係や各種の儀礼、行事などを通じて人としてのあり方や振る舞い、行為のありようなどを教えたのである。教育という機能は学校、家庭、社会の全体にわたる広がりのある営みだった。

そのように、教育の機能と場が分業的であり、それぞれの役割が果たされ、全体として有機的な関連性をもっていた、という意味において包括性があったわけだが、その包括性は、同時に、望ましい人間像においてもいえることであった。すなわち、知識、感性、意思などいわゆる知情意の全体が多面的に育てられることが理想であるとされ、しかも知ることと行なうことが結びつく、つまり知行合一が理念的な姿であった。知識と実践は不可分なものであり、知はあくまで現実の生活においてより良く生きるための知恵、道徳として、まさに智そのものでなければならなかった。

こうした前近代の教育における包括性も、明治以後の近代教育においてはしだいにくずれ、やがては分割性が顕著になった。すなわち、教育の分業から学校への教育の集中が始まる。かつては広く多様な場でそれぞれ行なわれてきた教育がしだいに学校の教育へと偏り、教育即学校教育となり、学校教育の肥大化となった。分割性は学校の教育と学校外の教育との分割ではあるが、前者がはるかに大きく、重みをもつという意味では学校への一極集中的な分割性であった。と同時に、知と行、すなわち知識と道徳の関係もしだいに包括性を失いがちとなり、むしろ乖離の傾向が強まった。

教育におけるこのような変化は、日本の近代化の特質そのものの反映でもあった。すなわち、西洋の場合と異なり、日本の近代化は、学校を通じての近代化だったといえるからである。一九世紀の半ば、西洋先進国に追いつき、「文明国」の仲間入りを果たすために、対外的な独立の確保、そのための国内的な統一こそが国家的な目標となり、なによりも、強い国家意識と愛国心をもちしかも国家を支えるための実力をそなえた国民の育成、西洋的な軍事力と近代産業の導入と発展、社会諸制度の西洋化が目指されたのである。限られた短い期間のうちに、そうした国家的な課題を実現するには、国家主導のもとに、組織的、集約的に、国民の形成を図り、また、西洋近代の新しい知識や技術の導入と定着を進める必要があった。

さて、こうした国家つまりは政府の主導による国家と国民の形成は、西洋に遅れて近代化の道を歩んだ日本が、比較的短期間の内に、その成果を収めることに役立った。教育の効果は大きかったといえる。しかし、そうした効果は、あくまで量的な効率性であり、教育も教育が目指した人間像も、ともに画一的、一元的な性格を免れなかった。さらに、近代化は西洋化と同一視される傾きが強く、あくまで外来的な価値が優先されがちとなり、伝統的、自生的な生活文化（衣食住から風俗、慣習、信仰、人間関係ほかに及ぶ生活の型の全体）の価値が軽視され、ときにないがしろにされた。すでに述べたように、とりわけ、学校教育は生活文化から離れ、知識は道徳から乖離する傾向に走ったのである、まさに、「教育栄えて文化は廃れる」状況に至ったといえる。

のち、戦後教育においても、事態は同じような方向をたどった、というよりますますその傾向は強まったのである。すなわち、占領政策によって、戦前の過度な国家主義すなわち超国家主義と軍国主義への批判の下に、修身・日本歴史・地理の教育が停止され、日本の歴史的伝統と文化的個性の弱体化が図られ、いわば文化が骨抜きにされる恐れすらあった。そして事実、この日本の文化的伝統の断絶は、現今の二一世紀の初めにまで、後遺症として深刻な影響を及ぼしてきている。戦後日本の教育には、戦前と比べて、もちろん良い点も数々あった。個人の尊厳とその権利の尊重、自由と平等の実現、世界平和の希求、合理主義精神の発揮など、新しい時代の導きの原理となり、戦後の復興と建設をもたらしたことは否定できない。

しかしながら、戦前の超国家主義に対する批判と拒絶から、やがて国家そのものへの無関心、軽視、さらには否定的な態度すら生み出されるに至った。最近の文部科学省や中教審が、「愛国心」というごくあたりまえの、世界では普通の言葉を、あえて「国を愛する心」などと言い換えているのも憂うべき一事である。国家を精神的、文化的に基礎づける国の歴史的な伝統や個性への無理解や無関心が増し、いわば文化的な無国籍状況をすら招くことになった。いま、世界は国際化時代にある。国々が互いにそれぞれの伝統や個性と価値をもって尊重し合い、世界的に対話と交流を進めることによって、国際的な安定と平和も確保される。そうしたなかで、対外的に自国の伝統と文化に誇りをもって、自らを語ることこそがなにより必要なことである。大人も子どもも自信をもって「国」を語ることをはばかり、堂々とその良さを主張することも少ない。自らの国と民族への誇りと愛情、理解をもたないような人間が国際社会の中で尊敬されようはずもない。戦後教育は、こうした自らの国と民族についての個性に関する教育をないがしろにしてきた。

他方また、戦後の教育においては、個人の自由と権利が強調され、平等が尊重された。もちろん、戦前のような国家による重圧と拘束から脱して、個人の価値と自由、権利の主張は民主主義の基本原理であって、きわめて大事なことであり、じっさいに、戦後日本の建設と発展を支える重要な柱であった。

しかしながら、そうしたいわば戦後教育の明るい光の反面、暗い影の側面も顕著であった。すなわち、個人主義の強調はやがて利己主義に走り、自由はわがまま勝手の放縦に陥り、また、国家や公共的なものへの軽視となり、さらには平等が形式的、機械的あるいは量的な平等となりがちになった。つまり、個性的なあり方に進むのではなく、みんな一緒のきわめて画一的、一元的なあり方に傾いた。その意味では、集団に埋没し、自己としての個性のない、ムレやすい人間を生み出すことになってしまったのである。近頃、インターネット上で、見知らぬ者同士が連絡し合って、心中する事件が続発している。あるいは、世をはかなんだり、病気を苦にして、他人を道づれにして殺傷する事件も出てきた。いずれも、死ぬことすら独りではできず、ムレて集団の力をかりようとする、個の弱さの表われであろう。

また、明治以降の近代の時代に入り、とりわけ戦後には、教育だけではないが、「合理主義」が横行し、すべては合理で割り切れると考えられ、「合理」を超えたものへの思いや、人間、科学、技術のもつ限界についての自覚が薄れ、畏れや慎みの心を失いがちとなった。個々の個人においても、社会全体においても、人間の次元で何事も可能であり、それで充分であるといったような「人間中心主義」、すなわち人間を超えたもの、人間による「合理」を超えたものへの思いをもたないような、人間および文明における傲慢さが一般化した。個人の次元における自分の利益だけを求めようとする利己主義も、文明の次元における技術・科学への絶対的な過信の傾向と、そこからもたらされたさまざまな弊害も、ともに究極的には、人間の限界への畏れと慎みを忘れたことから結果したものであろう。

戦後日本のこうした畏れと慎みの喪失、いわば卑俗な現世中心主義をもたらした原因の一つは、教育の方面にあっては、宗教教育の軽視あるいは無視であったといえる。教育基本法には、明確に宗教教育の条文があり、その第一項に「宗教に関する寛容の態度及び宗教の社会生活における地位は、教育上これを尊重しなければならない。」とうたわれている。にもかかわらず、宗教系の私立学校は別として、国公立の学校ではほとんど宗教の教育は行なわれていない。イギリスやドイツで公立の学校における宗教教育が義務づけられているのとは、きわめて対照的である。道徳が本来的に宗教と深く結びついていることを考えれば、教育の場における宗教の不在は大きな問題である。

国公私立の学校全体の教育つまり公教育において、どのような理念、内容、方法で宗教教育が行なわれるべきか、がこれからの日本の教育における一つの重要な課題となろう。この章では、その課題に迫ることを直接的な目的とはしないが、ただ、今後の望ましい人間像を求める意味で、主に佛教の書物に学びながら、考えてみたいと思う。

現代および将来において、教育の目指すべき理念、とくに人間形成の理想として、さまざまなあり方と内容が考えられるであろうが、ここでは、主に、自己を生きること、そして、自他が共に生きること、という二つのことがらに留意したい。まず第一は、自己を生きるということである。すなわち、近代以降現代に至るまでの日本の教育にあっては、すでに述べたように、モノ的、物質中心的な効率を求めてのいわば功利のための教育のもとに、はなはだしい集団主義と画一主義に陥り、個としての発育が、阻まれがちであった。これには、日本の近代化という歴史的な背景と要因もあり、また、現代のマスメディアの発達という情報化による大きな要素もあろう。とくにテレビによって、人びとの考え方や生き方における画一化はますます拍車がかかっている。

そうした画一化、没個性化のなかで、あらためて自己を振り返り、自分らしく生きようと努めることがなによりも必要なことである。自分らしく、ということは、何となく固定的、慣習的に枠づけられてきた生き方、ギリシア哲学風に言えばドクサ（俗見）にしばられた生き方つまり他律的な生き方を見つめ直してみることである。そのさい、大事なのは、真に個性的に生きること、本当に自分らしく生きていくことのためには、自己を絶対とし、自分中心で何事も可能である、といったような傲慢さへの反省であろう。人間としての謙虚さこそが出発点となる。つまり、自己の絶対化ではなく、相対化であり、自分が生きている、というより自分は生かされている、とする慎みの態度こそが求められよう。帰する所は、とらわれや執着から自由になることである。

佛典の一つで、あらゆる経の中の第一とされるものに『妙法蓮華経』すなわち『法華経』がある。この経は、ブッダーすなわち釈尊の教えが書かれたものであり、紀元前後に成ったといわれ、インドから中国を経て日本に伝えられ、聖徳太子によって初めて注釈され、以後、広く読まれ信仰された。とくに天台宗と日蓮宗で重んじられているほか、日本佛教の本流をなしてきた

この経には、全巻を通して、「方便」ということが強調されている。目的は、「貪着〔どんじゃく……筆者の注、以下、同じ〕」を去り、何ものにもとらわれることなく生きることにある。貪着とは貪り執着することである。その貪着を去るということについて、たとえば、こんな説明もある。すなわち、「世尊〔釈尊、ブッダーのこと〕は……この世の人々の種々の性質に応じて、教化の手だての智慧によって法を説き、衆生たちがあちこちに貪り執着しているのを抜けさせる」(1)。つまり、釈尊によって人間はもともと貪りや執着から抜け出る可能性を与えてもらっている、と見るわけである。同じように、次のように語られている。「忍耐という地にとどまり、おだやかで従順で、乱暴でなく、心も、またも

のに驚くことがない。また、なにものにも執着せず、あらゆる存在のありのままのすがたを観察して、またそれにとらわれることなく、みだりな分別を下さない」(2)。とらわれたり、執着したりせずに、ありのままの姿を見て、あるがままに生きることを理想とする。

日本における禅宗・曹洞宗の開祖、道元も、とらわれないことの大切さを説き続けた。もともと道元自身も、『法華経』を重視していた。その主著『正法眼蔵』では、「いたづらに生を愛することなかれ、みだりに死を恐怖〔くふ〕することなかれ」とし、生死にとらわれることのないようにと教える(3)。「我執を破つて〔やぶって〕名聞〔みょうもん〕を棄つる、第一の用心なり」ともいう(4)。人間はもともとはてしない欲望をもつものである。食欲、性欲はもちろん名利、出世、モノ、カネ、人との競争に勝つこと、その他さまざまな欲がある。なかでも大きいのが、生老病死そのものへの恐れである。道元はとくに、この生老病死に対するこだわりやとらわれから去ることの大切さを教えている。

現代はいわば生中心であり、老や病、あるいは死をいかにして避け、遠ざけ、それらとどのようにして闘うか、ということばかりに傾きがちである。人間がそうした生老病死の全てを含む、あるがままを受け入れ、人生とものごとを客観視して生きることの大切さを教えているものであろう。

とらわれない、ということとは、「人々皆、佛性有るなり、徒らに卑下する事なかれ」(5)とする自己への確信が基本にある。いわゆる自力である。自力とする根底には、人間がもともと自らの内に善と真理の可能性を具えている、という考え方がある。いえば性善的な人間観であろう。

自己の内にある「光明」すなわち真理や悟りの可能性の実現、自己を確立するために、心身を調えること、苦しみに耐えること、鍛錬すること、が大事である(6)。もちろん、それらを支えるのは、ひとえに佛にまみえようとする心(7)であり、修行としての「正身端座」すなわちひたすらの座禅である。

以上、自己を生きる、という点について、『法華経』や道元の書物などを手がかりとして、考えてみようとした。そこには、限界をもち、不完全な存在としての人間が、自らの内にひそむ真実への可能性の発揮、実現に向けての自分なりの努力の必要と尊さの教えがある、と思われる。それぞれの個性を生かすべき今後の教育と人間のあり方への、多大な示唆と言うべきであろう。

次に第二の点として、自他が共に生きる、ということである。個々人はそれ自体であり、それぞれに個性をもって生き、そして、さまざまに異なるものが、全体としてゆたかな統合の中で生きていくのが理想であろう。人と人の間、国や文化の相互の間、さらには人間と自然との間、あるいはまた、過去・現在・未来の時間的経過の間など、全ての面において、断絶や分離・分割ではなく、流動と連続をこそ大事にしなければならない。

生きとし生けるもの、さらに広くは、命あるものもないものも、あらゆるものはつらなり、同じ尊い価値をもっている、とする考え方の佛教的な表現として、「一切衆生悉有佛性」というのがある。「佛性」において全てはつらなり、かけがえのない価値を有すると見るものであろう。『正法眼蔵』の中にも、たとえば、「尽界にあらゆる尽有は、つながりながら時時なり……尽界は不動転なるにあらず、不進退なるにあらず、経歴〔きょうひゃく、経めぐること〕なり」という一文がある(8)。意味するところは、「世界全体に存在するありとあらゆるものは、一つにつながりながら、その時その時の絶対生命である。……全世界は、動転しないものはなく、進退しないものもなく、経めぐるのである」(9)。

今日の教育において、「一人ひとりを大事に」、「個性尊重」といったことが繰り返し語られ、強調されているが、果たして本当に各個人が「大事に」され、「個性」が尊重されているであろうか。それぞれ個性と特徴をもつ人間をとかく形式的、量的に扱うような表面的、一律的「平等」にとどまったり、あるいは逆に、知識の暗記や機械的な反復の力だけを重視し、本来、多面的で統合的である人間についての評価を、知的な面だけに偏り、分割的に行なったりしている傾向が強い。必要なのは、形式的、一律的な「平等」ではなく、また、量的、機械的に「みんな一緒」に足並みをそろえさせて教育することではない。戦後教育の誤った「集団主義」（学力平等観から、学力の違いを無視して、進んでいる子も遅れている子も、同時に同じことを教えてすましたり、教育にとって必須である「評価」を放棄したり、といったような結果を招いた）の弊害も大きかった。形式的、量的な平等の教育は現実的、実質的には不平等の教育なのである。子どもの個性、学力の進み具合はさまざまに異なり多様である。そうした違いや多様性に応じての可変的で柔軟な教育でなければならない。つい最近までの「ゆとり教育」の政策で、子どもの学力が国際比較調査でも、かなり落ち込んでしまった。これも、政策の大失敗の一つであり、もっと、多様な形の学力充実への方策が不可欠であることを示している。

『法華経』の中で心惹かれる教えがある。「随宜説法」といわれるものである。すなわち、宜しきに従って法つまり佛道を説くということである。聴く者、教えを受ける側の人びとそれぞれにふさわしいように説く、とするものであって、「方便随宜の説法」ともいう。「方便」というのは、この『法華経』全体を貫くキー・ワードであり、この経はまさに方便の哲学の書とも感じられる。「方便」とは、素質、能力などにおいて、さまざまに異なる衆生に、それぞれに適した教化の手段を用いて教え、おしなべて佛の悟りに向かわせようとする大きな慈悲から発したもの、と解釈されている(10)。原文からの読み下しで、その説明の部分について、田村芳郎氏の現代語訳を借りると、「衆生たちの行ないと、心の底にある思いと、過去になしてきた行為の結果、意欲、精進、気力と、および、もろもろの素質能力がすぐれているか否かということを知って、種々のいわれ、喩えや言葉によって、それぞれの素質に応じて、教えの手段を設けて説法されるのである」という(11)。教える側も教えられる側も、ともに多様であるべきことが強調される。

相手によってさまざまな対応をすることは、個別の多様、差異を認め、しかもあらゆるものを通じての普遍性を信じるからであろう。いわば多様の中のつながりである。個々の人間がそれぞれ個性と特徴をもち、それを大事にしながら、他者に対して敬意を抱き、自己利益のみを求め自足して安住してしまうのではなく、あくまで他者とつながり、相ともに生きていくことが理想であろう。まさに生きとし生けるもの全てに対するいつくしみこそが根底になければなるまい。今日叫ばれている「共生」は、人間と自然の間のみならず、個人同士の間、国家相互の間、異文化の間など、あらゆる側面での課題となる。

共に生きるということを、別の側面から言うならば、ユニークな個別の存在としての人間たちによる、全体としてのゆたかな調和と統合である。そうしたつながりや結びつきの強さこそが、求められる。初めの部分で使った言葉で言えば、包括性ということである。バラバラに分離、分割されて終わるのではなく、あくまで、部分は全体の中にしっかりと地歩を占め、部分としての個は、その持ち味と役割を発揮しながら、全体の利益と発展に奉仕する、ということがなによりも必要であろう。

そうした包括性は、教育にあって、不可欠のことである。たんに知識の教育にとどまることなく、その知識を現実、具体の場で実際に活かしていかなければならない。知ることと行なうことが結びつき、知識と実践が統合されて初めて、力ある教育となる。近代および現代における日本の教育の最大の欠陥の一つは、この知識と実践との間の分離と離反の状態である。とりわけ、知育と徳育の結びつきに欠けるきらいのあることである。そして、その原因はいろいろであろうが、とくに、いちじるしい「現世中心主義」と卑俗な合理主義の横行、それをもたらした、宗教についての教育の軽視、回避、つまりは、人間、現世、合理を超えたものに対する畏れと慎みの欠如こそ最も大きい要素であろう。

すでに述べてきたように、教育は、人間そのものがそうであるように、あくまで多面的、全体的なものであり、けっして、分割的、部分的に見たり、扱ったりはできない。教育を成り立たせている多様な側面、要素の全てをひろく包括的な視点から把握し、理解しようと努めなければならない。

教育学にあっても、まったく同じである。細分化された部分だけに視野が限られ、部分が構成する全体像への配慮を軽視したり、度外に置くような学問であっては何の役にも立たない。

近代以降、教育も教育学も、それぞれの中で、はてしない細分化に走り、部分の分析に偏ってきた。しかも、教師と生徒といった人間関係において、また、人間と自然との関係においても、主体と客体、働きかけるこちらの側と働きかけられる相手となる対象の側といった、タテの分断的なあり方を一般とした。しかし、今後は、教育も教育学も、部分化、分断化ではなく、全体化と統合化を目指さなければならない。その転換は、あくまで区別、対立、矛盾、競争を進歩のエネルギーと見なしてきた、西洋近代のものの考え方なり世界観から離脱し、乗り越えることにほかならない。

この、二元論的な立場、すなわち、主体と客体を分離する考え方について、佛教からの教えにはたいへん示唆的なものがある。たとえば、主体とか客体といったような区別はなく、自己を含むあらゆる存在の究極は無である、として道元は、『正法眼蔵』において、現代の言葉に直すと、玉城康四郎氏の訳では次のようになっている。「ありとあらゆるものが我とともに無くなったときには、まどいも悟りもなく、諸佛も衆生もなく、生も滅もない。いっさいは絶対無である。……自己が主体となって、環境世界を実証するのが迷いである。逆に、環境世界が深まって、そのなかで自己が実証されるのが悟りである」。また、「全世界はことごとく主体界そのものであって、対象物は一物もない。今日ただいまのところには、第二者はないのであって、ただ一人のみである」という(12)。

さらにまた、道元は、区別や対立を退け、分離せず、全体への眼をもつべきことについて述べ、身体と心を分けず、生死と涅槃を別のものとせず、まさに相即一如の全体として見る視点に立っている。

二元論と佛教について、同じく禅の立場から、鈴木大拙は、このように言っている。「多くの人は、二元論こそ最後のものだと考え、主観は常に客観に対立して立つと考え、或いは反対に、二つの相対する概念間の割れ目を渡す媒介となる橋は何もないと考え……この対立の世界は……永遠の戦いという状態を続けると考える。しかしながら、このような考え方は、佛教哲学に従えば全く誤っており、しかも論理的ではない」、とし、「一と多、生と死、私と汝、有と無」のそれぞれの二つの概念に橋を架ける第三の概念があること、それが対立と「分別」の基底にある「無分別」であり、知性の目覚めとしての「無明」だという。そして、その矛盾を含む第三のものが「空」に他ならないと説いている(13)。

二一世紀つまりは近代後（ポスト・モダン）の時代における、教育と教育学の向かうべき道は、確実に、以上触れてきたような包括性という言葉で表わされる、個をしなやかに、そして、のびやかに伸ばし、全体として人の輪と集まりが活気ある生命をもつものとして、つらなりとひろがりを豊かにすることであろう。個々の人間の次元から、地域社会、民族文化、国家そして国際世界のレベルに至るまで、その理想が実現されることが望まれるのである。包括性ということは、本章ではもっぱら佛教に学ぼうとしたが、むろん、必ずしも佛教だけに限られるものではない。

歴史的に包摂と調和を重んじてきた日本の伝統と個性としての包括性について考えるためには、佛教はもちろんのことだが、そのほか、神道、あるいは宗教ではないが価値体系として存在し続けた儒教、さらには、全ての部分を活かし包み入れて全体としての調和のあり方を理想としてきた、日本の文明史的個性そのものをも、あらためて振り返ってみることも必要であろう。

第七章　西洋の旅行教育論──「旅はすぐれた学校である」──

西洋の近代、とくにルネサンスに入ると、旅とりわけ若者にとっての旅が大いに奨励されるに至る。旅が人間の形成と発展にとってきわめて大切なものであり、それは教育の大事な過程ないし方途であるとして重視され始めるのである。いわば旅行教育論の登場であり、旅こそすぐれた学校であり、教育は旅によって仕上がり、完成するという認識の広がりである。

日本にも古くから言い伝えられ親しまれてきた「かわいい子には旅をさせよ」ということわざがあるように、子どもや若者たちのよりよい成長に資するものとして、旅と遍歴に多大な教育的効用を期待するのは、洋の東西を問わず、ほぼ普遍的なことであろう。じっさい、西洋にも、「旅は、若い者には教育の一部になり、歳のいった者には経験の一部になる」とか「遠くへ行けば行くほど学ぶことはたくさんある」、といったたぐいの格言は多い（1）。旅というものが、慣れ親しんできた生活空間や日常性から離れて、未知の空間と体験のもとで、いわば非日常性の過程に身を置きながら、新たに知的な世界を広げて、さまざまな発見と学習を重ねる契機になるからである。

その発見と学習は、もちろんおだやかで楽しいことばかりではない。むしろ、古い時代になればなるほど、旅には苦労がつきものであり、辛さと困難があり、そうした苦しさや難渋にめげず、それを乗り越えて、自ら学び、苦難に耐えて自己成長に生かしていくことで鍛えられる、という意味での教育的な意義もある。「旅は憂いもの辛いもの」なのである。

ルネサンスの時代における、旅の教育的な意義づけは、初めに触れたように、一言でまとめるならば、旅こそすぐれた学校であり、教育は旅によって完成する、ということである。この考え方の背景には、当然のことながら、ルネサンスの理想としたギリシアにおける、教育の流動という伝統と理想がある。すなわち、移動と遍歴による教育と学問のあり方へのあこがれである。

ギリシアの教育は、もともと人間の流動によって成り立っていたとも言える。紀元前五世紀において、「万物の尺度は人間である」とする世界観をうち立てたプロタゴラス（Protagoras, 前五〇〇～四〇〇頃）に代表されるソフィストたちは、それまでの自然に従属する人間という考え方から、大きく転換させて、人間中心の世界観つまりは人間の主体性の宣言者であった。と同時に、彼らは、文明史上、初めての職業的な教師たちでもあった。すなわち、徳を教える教師として、主に都市国家（ポリス）アテネの政治を志す有為の若者たちに、道徳と政治の基本理念を諭し導いていた。そうした道徳と知恵を教える「道の教師」から、やがて知識の切り売り、雄弁の技術、説得の方法の伝授といった「知の商人」すなわち詭弁家に堕落するに至る間、彼らの教えを求めて、アテネはもちろん他のポリスからもたくさんの若者たちが集まってきていた。いわば国の境を越えての活発な学習への流動があったのである。やがて、その流動性は、ソフィストへの批判者として登場してくるソクラテス（Sokrates, 前四七〇〈六九〉～三九九）、その弟子プラトン（Platon, 前四二七～三四七）、さらにはアリストテレス（Aristoteles, 前三八四～三二二）らの教育活動を強く特徴づけるものであった。ソクラテスが教えた青年たちも、プラトンの学校（Akademeia アカデメイヤ）やアリストテレスの学校（Lykeion リュケイオン）の生徒たちも、ポリスや民族の壁を越えて集まってきた、国際的流動の場での学習者たちであった。

ソクラテスやアリストテレスがとくに「逍遥学派」と名づけられていることが象徴的である。前者は、特定の場所にとらわれず、歩きながら教えを説いたからとされ、また、後者の場合は、リュケイオンのなかに遊歩道があったことからだという。逍遥あるいは遊歩という呼び方は、単に物理的な動き、流動という意味に尽きない。なぜなら、ソクラテスの教育、学問の基本精神が、「汝自らを知れ」「無知の知」という究極の目標をめざすものであり、その具体的な教育実践のあらわれが対話と問答の方法であった。学習者が真善美という目標に至るまでの過程は、教師の問いに対して答える対話を通して、自らがまさにあちこちとさまよいながらの知的遍歴と流動を前提とするものであり、学習する側が主となる探求であって、教師はまさに従の場にとどまる「助産師」なのである。真実の知の探求と教育のあり方は、普遍的なもののようである。東洋の方ではたとえば、ソクラテスより七、八〇年前の人、孔子なども、諸国を巡り歩いて諸侯に教えを説いた遍歴と流浪の教師であったからである。

西洋における学ぶための旅は、ヘレニズムの時代からローマ時代さらには中世にかけて、ますます広がりと厚みを加えていく。とくに、キリスト教の普及とともに、聖地への巡礼の旅が盛んとなるが、この巡礼そのものが、修養の旅であり、本来的には教育としての性格をもつものであった。すなわち、聖地に向かっての苦難の旅を続けることを通じて自らの信仰を深め、また、不必要なものを持たず、ひたすら禁欲的な清純さの中で生きることで自らを鍛えることを眼目とするものだったからである。しかも、当然のことながら、その旅の道中では、さまざまな土地の風物に接し、いろいろな人びとと出会い、新しい体験を積み重ね、見聞を広げていく、という意味で、それは人間形成の絶好の機会であった。

まさに西洋の中世は、旅の時代であり、宗教におけるこの巡礼のほか、さらには商人たちの交易の旅があり、また職人たちの技芸修業の旅もあった。そして、なによりも、一二世紀の末から一三世紀の初めにかけて、いわゆる中世大学の出現が見られるが、これこそは、学問、教育を求めて行なわれた旅の所産であり、人間の流動によってもたらされた知的国際センターであった。

こうした、中世に至るまでの教育の旅の伝統と背景のもとで、ルネサンスの旅行教育論が展開されてくる。ルネサンスは、天文学や航海術の発達による新大陸の発見に見られるような地理的拡大、さらにはそうした物理的空間の広がりと結びつくユートピア思想の登場などに明らかなように、新しい世界への人間の解放、すなわち、地理的、知的な世界の拡大と人間の自由の本性に向けての探求の時代であった。ルネサンスにおける旅はまさに「人間への旅」である。その「人間への旅」は、固定と閉塞的な世界から飛び出て、新しい見聞と経験に学びながら、人間の成長と発展をめざすものであった。拘束的な教育から解放の何よりも有効な手だてが旅であるとされたのである。

モンテーニュ（Montaigne, 一五三三〜九二）は、『随想録』（*Essais*, 一五八〇年）の中で、「子どもの教育について」という章において、次のように述べている。「書物だけが頼りの能力」ではだめであり「人々との交流」とくに「外国への訪問」を勧める。なぜか。「それら諸国民の気質や風習をしらべ、われわれの脳髄を、他の国民のそれとこすり合わせ、磨き上げるためである」とする。そして、狭い書物の世界から抜け出て、生きたこの世の現実の世界そのものの中で学ぶことを訴える。「この大きな世界は、われわれが自己を正しく知るために自己を映して見なければならない鏡です。要するに、私はこれ〔「この大きな世界」のことを言う〕が私の生徒の教科書であってほしいと思います」。各国の文化の多様性を知り、自己および自国を相対的に認識することの大事さを強調しているわけである。自国文化中心的な思い上がりと偏りからの離脱、いわば人間としての知的な慎みを育むために、旅を重視しているのである(2)。

中世以来の固定的なドグマによる教育、教師による強制とムチによる締めつけの教授、そして何よりも、子どもの自由と個性の芽を摘み、ひたすら旧来の型に受動的にはめ込もうとする人間づくりへの挑戦の現われである。子どもは、お仕着せの抽象的知識の一方的伝授に受け身で屈従するのでなく、もっと自らの経験と体験による主体的、自覚的な学習を能動的に進めるべきであるとされた。それが旅への期待となったのである。

旅は、その道程において、旅する本人が、主体的に自らの感覚を活かしてさまざまな体験を重ね、知的世界を広げてゆく絶好の機会となる。まさに自学による、拘束と自閉からの解放ということが、旅の本質的な特徴である。同時代のイギリスの人文主義者であるフランシス・ベーコン（Francis Bacon, 一五六一～一六二六）も言っている。先に引いたことだが、「旅は、若者にとっては教育の一部であり、歳のいった者には経験の一部である」と。

この言葉は、彼の『随筆集』（*Essays*, 一五九七年）の「旅行について」という章の冒頭に見える。この旅の勧めも、直接的には、外国旅行についてだが、しかし基本的には、国内の旅にも当てはまるのであり、広くあらゆるものを見ること、つまり観察の大切さという主張に由来する。この点は、彼の思想そのものと結びつく。すなわち、ベーコンは、中世的なドグマの学問・思想を貫く演繹的な思考様式を排して、あくまで現実と経験から出発する帰納法的な考え方を打ち出したことに、大きな文明史的功績を残したわけだが、その思想の端的な現われの一つが、この旅への注目であった。なぜなら、旅こそ、個々人の活発な感覚の発現による主体的経験の場として、人間形成にとって有益な方途だからである。

ベーコンによる旅の作法についての示唆は、きわめて具体的である。その内容は、若い貴族たちつまりエリート層の教育の大事な通過儀礼ないしは人生行事の一過程としての当時の旅のあり方を示すものであろうし、また、そうした若者たちの旅へのガイドや手引書としての意義もあったと考えられる。以下、彼の旅案内の中身の要点を見てみよう(3)。

モンテーニュの場合もそうだが、ベーコンも、外国への旅はなるべく若いときにこそ効果的であるとする。青少年の外国への旅は「旅行をしてゐると云ふよりは寧ろ学校に通ってゐると云つた方が当つてゐる」と言う。旅は学校である、とする見方である。学校に教師が居るように、旅にあっても、付き添って導く者が必要である。そのころイギリスで一般的だった家庭教師、チューターやガバナーなどを、旅にも伴っていくことを勧めている。それらの付添人たちは、訪れる国の言葉や風習に通じていることはもちろん、「いかなるものが見る価値が有るか、いかなる交流を求むべきか、いかなる課程又は訓練をその土地が与へ得るか」といった事柄をしっかりと認識している必要がある。先達としてのそうした適切な導きがなければ、若者たちは「目隠しされて行くのと同様であまり外（そと）の世界を見ることができない」からである。

さらに彼は、旅においては「観察すべきもの」が沢山あるから、視察の結果をしっかりと記録するために、日記をつけることを勧め、また、その視察の範囲や対象をも具体的に示している。それを見ると、当時の青年エリートたちが具えるべき知識や教養の範囲と対象がよく窺われる。それら訪問の場所や観察の対象は、一六世紀の末から一七世紀にかけて盛んに行なわれた、若者たちの学習と修業のための遍歴、つまり教育の旅の特徴を知るには、たいへん興味深いところなので、いま煩をいとわず、ベーコンが列挙しているものを摘記してみる。

まず、外国人の謁見が許されたら王侯の宮廷、裁判所、教会や僧院、都市や町の城壁と防衛の状態、港、古跡と廃墟、図書館、大学、討論会や講演会、船舶と海軍、武器の貯蔵所、火薬庫、造兵廠、市場、取引所、倉庫などを挙げている。そのほか見るべきものとして、実にさまざまなことがらについて触れている。訳書から、そのまま引いておこう。「馬術の演練、剣術、兵卒の教練等、上品な人々の見物する種類の喜劇、宝石や衣裳の陳列所、立派な函や骨董品、そして最後に、訪問する土地に於いて記憶に価ひするものは何でも。之等のものを、その家庭教師又は従者はよくよく研究すべきである。ページェント、仮面劇、宴会、結婚式、葬式、死刑、その他之に類する観物」などをも、無視してはならない、とする。まさに何でも見てやろうという活発な好奇心と関心の現われである。ベーコンの帰納主義的な考え方の根底をなすものとしての、現実と経験の尊重、そして当時の知的風潮であった博物学的興味の反映でもあろう。すなわち、単に名所旧跡や各種の施設などの場所だけでなく、もっと広く、演劇や儀礼などにも及ぶ、相手国文化の全体像に迫るような幅広い観察を勧めているのである。今日で言えば、比較文化的な地域研究というところであろう。

次に、旅を能率的にするにはどうしたらよいのか。ベーコン流「旅の用心集」も懇切である。まず、出発までに出かける先の言葉をある程度心得ておくこと、そしてその国のことをよく知っている従者を連れていくこと、また、旅する国の地図や書物もあればよい、先に言ったように日記をつけること、あちこち広く見たり違った面から観察するためには、同じ都市とか町、宿などに長く留まらないでなるべく場所を移すこと、「同国人の仲間から遠ざかり、自分の旅行してゐる国の上品な人々の出入りする所で食事するがよい」という忠告などは今でも立派に通用する心得だろう。どんな人とつき合えばいいか。「あらゆる方面で国外に名声の轟いてゐる名士」を訪ねて面会するように。喧嘩好きな人は避けること、「喧嘩は充分用心して之を避け」なければならない。とかく「喧嘩は、通常、女の問題、祝杯を挙げる場合、席順、言葉争ひ」などから起こる。血気の若者たちへの尤もな戒めである。

そして、帰国後のあり方についての彼の諭しも、しごく尋常である。帰国してからも、旅行した国を忘れることなく、近づきになった人々の中で「最も価値のある人々」と文通を続けること、また、自分が旅行してきたことを、衣服や身のこなしなど外面的なことでなく、「談論」つまり話の中身で表現するのがよく、しかも「出しゃばっていろいろと話したがるよりは、思慮ある受け答へをする方がよい」。その際、「外（と）つ国ぶりの故に自国の国粋を変へることはせず、ただ外国で学び得た精華の幾分を自分の国の習慣に植ゑるに止める、といふ態度を表明するがよい」と言う。拝外でも排外でもなく、自国へのアイデンティティを失うことのない、いわば比較文化的な相対的視点に基づく、外国文化に対するバランスのとれた態度を期待する、適切な提言と言うべきであろう。

この旅行教育論は、直接的には、上流階級や貴族の子弟の教育と修養のための外国旅行の勧めとその心得であるが、いま見てきたような、観察の対象の幅広さと観察したものを自ら自身、自国自体の立場に立って、選択的に取り入れ、活かそうとすることは、この時期つまりルネサンスの知的世界の拡大再編成、自主的な知の統合という時代精神を反映していたものと見ることができる。

ベーコンの『随筆集』から一〇年後に、『若い貴族のしきたり』（*The Institution of a Young Nobleman,* **At Oxford, Printed by Joseph Barnes,** 一六〇七年）という書物が出版された。これは、右に述べたベーコンの場合と同じく、当時のイギリスの青年貴族の修養と教育の手引き書である。イタリア、フランス、スペインなど外国の言葉と風習を心得ており、古典に通じていることはもちろん、ダンス、歌もよくし、リュート（弦楽器の一種、いまは古楽器と言われている）などの楽器の演奏もこなし、鍛えられた理性と徳のある有為の人材となることが、エリートとしての貴族の若者の理想であった。著者はジェームス　クレランド（**James Cleland**）という人物であり、この本は、幸いに今日、復刻されている（一九九四年）。字の書体や綴り、それに文体もともに古くて、読みづらいところが多いのだが、いま、旅についての部分に限って、およそのところを訳出しながら、あらましを紹介することにしたい（4）。

この書は全部で六章から成っている。貴族の子どもに対する両親の養育、教師のつとめ、若い貴族の神に対する義務、同じく両親と教師に対する義務、さまざまな言動や態度・生き方など、そして最後の第六章が旅についてである。旅が最終章にあるということは、本章の初めに述べたように、「旅によって教育が仕上がる」とする、当時の一般的な考え方の現われを示している。

まず、何のための旅か。「旅は、若い貴族にとって、主君、国家、そして自分自身に対して役に立つ主要かつ最良の方法であるとされてきた。それは真の政治の学（true Science of Pollicie）であり、また、統治するすべての者にとって良き学校（the good Schoole of al governer）である。ほかの人たちの例から学ぶものほど確かで尤もなことはない」とする。そして、ギリシアのスパルタの伝説的英雄リクルゴス、アテネのプラトンらが、それぞれ大旅行（great voyages）によって外国の国家体制と政治を観察して、理想のあり方を探求したことに触れている。そこから、旅においては、もっぱら理性（reason）を働かせて、自分にとって利益となり有用となる事柄を見極めて広く見聞することが大事である、と述べ、イギリスの若い貴族たちに旅をすることを勧めている。為政者としてふさわしくあるべき者としての修養・教育の手段を旅に求めているわけで、国益に資することと自己の成長、発達とが不可分なものとして考えられている。しかも、「旅に出ることが神の嘉みしたまい、お許しによること」だとする、つよい宗教的な意味づけをしている点も、この時代の共通の特徴である。

旅におけるこの宗教性は、神への畏れによって旅が守られるという観念による。「旅では正直を旨とし悪徳を排すること、それは神への畏れ（feare of God）によって可能となる。何事も神が喜ばれるような助けをひたすら願うこと」と述べている。また、次のように書いている。「あらゆる行ないが神の栄光に向かい、君自身の罪の救いになるように〔中略〕神への愛と畏敬、従順さを以て律し続けていくことが大事である」。神に守られての旅であることの強調である。

神とのつながりによる旅の目的は、もっぱら「思慮分別のある人間になること」であり、同時に、それは「主君への奉仕となり御国の名誉」をあげるためである。国益すなわち国王への献身が求められている。この章のまとめの部分で著者はこう結んでいる。「最後に、AからΩまで、つまり初めから終わりまで、この世のすべての巡礼の旅 (our whole Pilgrimage in this world) の目的として、私が勧めるのは、君〔旅をする若い貴族〕が、母国にあっても外国にいても、王を崇敬、畏怖し、貢献すること、そして君の全幅の信頼と確信を王によせ、順良さ (honestie)、質朴さ (plainlie)、誠実さ (sincerlie) を以て仕え、その行為にあっては、あくまで国家の法律、規則のもとに、純真 (simplicitie)、公正 (aequitie) を旨とすべきなのである」と。国家の指導的なエリートとしての望ましい資質の内容がはっきりと示されている。神と王、国家への畏敬と忠誠、そのための謙虚な慎みが美徳とされているのである。

以上のような旅の理念のもとに、旅の前、中、後の側面にわたる具体的なガイドと示唆が示されている。まず、付き添いの教師（チューター）を必ず連れていくこと、旅をしたことのある立派な人物が望ましい、あたかもアレキサンダーにアリストテレスがお供したように、旅の成否はチューターのいかんにかかる。それに、正直な会計係、召使いたちも必要だがあまり多勢にならないように。次に費用について、「旅の高貴さを保つ」程度での所要経費ごとの見積もり額を示し、現金と為替、手形の割合まで挙げている。また、ベーコンと同じように、旅日記を書くことを勧めている。観察すべき事柄や場所もほぼベーコンの場合に似ている。いろいろなところを巡り、偏見なく旅先の国の風俗、習慣を観察すべきだが、「珍奇なもの、作りごと、偶然的なことなどに眼を奪われることなく、むしろ、表面の底に隠されている本質（essence）と有用性（utility）を、誠実かつ自然に考えること」と念を押している。これは旅に対する冷静な見方であり、教育的にも意義がある。何よりも、すべてのことに活発な好奇心をもって臨み、文化の違いを見極め、それを取捨する力を養うことこそが大事なのだと強調している。いわば、文化の相対的認識の必要性の指摘であり、外形的な差異より内側の普遍性に着目することの示唆であろう。なお、訪れる先として、フランスではパリ、オルレアン、リヨンなど、ほかにジュネーブ、イタリア、ドイツ各地、ハンガリー、オランダ、デンマーク、スペインが挙げられ、また、イギリス国内では、スコットランドからイングランドの各都市への旅の案内も含まれている。旅を終わって帰国後は、旅で得たものやその成果を王と国家への貢献に役立てるべきことが期待されている。

この書物は、為政者としての若いエリートたち向けの「教育としての旅」の案内書であるが、このころのイギリスから大陸とくにフランスへの遊歴の流行を背景としたものであり、ときに、その若者たちの「遊」学ぶりの実態への戒めとしての性格もあるだろう。当時の若者たちのフランス旅行について、『失楽園』（*Paradise Lost*, 一六六七～六八年）で有名なジョン・ミルトン（John Milton, 一六〇八～

七四）が『教育論』（*Of Education*, 一六四四年）の中で、やはり教育としての旅の意義と重要性を強調しながらも、こんな批判をしているからである。「パリの旦那連中にわが国有為の若者たちを預けて、低俗でぜいたくな庇護を受けさせ、人まね、猿まね、軽薄者に変えられて、再び送り返してもらう」ようなことはやめて、「賢明でしっかりした案内人同伴で」国内で旅してあちこちで学べば、わざわざ外国へなびいて行かなくてもよく、むしろ外国からイギリスに学びに来るであろう、としている。いずれにせよ、すでに述べたモンテーニュ、ベーコンらの場合と同様に、現実と自然の世界に触れての観察と経験から学び、旅を通して人間形成を図ろうとするものであった（5）。

ルネサンス以降のそうした旅行教育論の流れの中で、教育学の立場から、旅に対して意味づけを行ないそれを体系化しようとしたのが、J・コメニウス（Johann A. Comenius, 一五九二〜一六七〇）の『大教授学』（*Didactica Magna*, 一六五七年）であり、また、絵入り教科書『世界図絵』（*Orbis Sensualium Pictus*, 一六五八年）である。前者は、直観と感覚、自然に基づく教育の必要性を訴え、また、万人の普通教育のために、幼児期から青年期までの階梯的な学校体系を構想した点で、近代教育の出発を告げる書物である。その中で、最終段階の青年期（二〇〜二四歳）の「学校」として、大学と旅行が挙げられているが、これは「旅による教育の仕上げ」という考え方に基づくものであった。他方、後者の『世界図絵』の方も、全一五〇の章にわたり、神に助けられ守られながら、教師に導かれて、自然の現象や天体、動植鉱物、人間の身体、各種の仕事や職業、施設、学問、道徳、娯楽とスポーツ、政治や軍事、都市などを経たのち最後に宗教の教育と神への感謝に至る、という筋書きでの、人間を取り巻く「世界」を絵入りで、言葉と知識を学ぶための教材である。だから、この書の構成そのものが、ひとつの旅仕立てと見ることができる(6)。

また、「人間の営み」の中で、「旅人」という章がある。各章ごとに絵と番号(絵の中の事項とラテン語と各母国語との言葉を対応させるためのもの)があり、この章にも旅支度の人が道を歩いている絵とそれを説明する文がある。番号を省略して訳すとこうなる。「旅人は、肩に袋を背負い、手提げ鞄や小袋に入りきらないものを入れている。彼は袖なしマントを着ている。手には杖を持ち、それで身体を支える。道中の備えが要るし、楽しく陽気な連れも必要である。よく踏みならされた道を行き、小径には入らず、街道をそれないほうがよい。わき道とか二つの道の交差する所は、旅人を迷わせて、でこぼこした所へ入り込ませてしまう。だから、間道や分かれ道には行かないことだ。そういうわけだから、出会った人に、どっちへ行ったらよいか尋ねることにし、また、道中でも夜に泊まる宿でも、泥棒に気をつけるように」。子どもに旅の心得を教える内容である。一七世紀のころにおける旅の風俗の一端も窺われる。

もうひとつ、旅と関連する「道」になぞらえて人の道を説く、「道徳」という章もある。最後に、少し長いがこれも訳してみよう。「この世は道のようなもので、ピタゴラスのYの字のように二つに分かれており、左手の方は広く、右手の方は狭い、前者は悪徳に通じ、後者は徳に至る。若者よ、ヘラクレス〔大力無双の英雄〕にならって、左の道に進まず、悪徳を避けるようにしなさい。その道の入り口はきれいだが、そのはては醜く、険しい下り坂だ。いばら道であっても、右手をずっと進みなさい。徳に至るに通れない道はない。徳の導くところに従いなさい。狭いところを通り抜けて壮麗な宮殿へ、名誉の塔へ。〔後略〕」。右を正しいものとするのは、キリスト教の右優位の思想の現われである。神に守られて、誘惑にめげず、厳しく身を持して、精進の旅の道、すなわち人生の正しい道を歩むことを教えているのである。

この、正しい道は、狭く厳しいが、その苦難に耐えて進むことこそ、至福の神に至るものであり、それがすなわち望ましい人間形成そのものであるとする考え方は、たとえば、これより二〇年後のジョン・バニヤン（John Bunyan, 一六二八～八八）の夢物語『天路歴程』（*The Pilgrim's Progress*, 一六七八年）のテーマとして現われてもいる。

ルネサンスからこの一七世紀にかけての西洋近代の旅行教育論は、その背後に強い宗教性をもちながら、中世以来の上からないし外からのドグマ的、抽象的な教育、すなわち権威主義的な教え込みに対して、現実の世界に触れて、感覚と経験をも重ね、自らの個性と主体性をもって、自己形成を図る、という思想において、まさに教育の近代化をすすめる手段であったとともに、新しい教育理念のあり方を象徴的に示すものであった。こうした旅の教育論は、やがて一八世紀のＪ・Ｊ・ルソー（Jean-Jacque Rousseau, 一七一二～七八）の『エミール』（*Emile ou l'Education*, 一七六二年）における「教育の仕上げ」としての旅の設定へ連続する。

旅に関するルソーの見解は、モンテーニュのそれの発展とも見られるが、もう少し具体的で、しかも教育的な意義が前面に出されている。書物と言語中心の知識の一方的注入教授に対して、直観を重視し、現実の事物・経験を踏まえる、生徒のいわば実学的な、しかも主体的、積極的な自己学習、自国中心の固定的な独断と偏見に拘束されていることから、多様性を理解し、相対的認識力を育て、正しい理性的判断力をつちかう、というかれの教育論の目標は、まさに旅に出ることによって果たされうるものでもあった。旅はルソー教育論の象徴であり、かなめだったとも言えるだろう。

旅は教育の重要な部分であり、「臆見の軛をはらいのけ」(7)、理性に目ざめ、一般意志への高まりを可能にするものであった。『エミール』における旅は、エミールが婚約者ソフィーと知り合い、完全な相手となるため、そして、市民としての義務を学ぶために、二年間、外国を見てまわる、という設定のもとに述べられている。教育の一部としての旅のルールは、「旅をするために旅をすること、それはさまよい歩くこと、放浪することだ」(8)、とルソーは見る。つまり、自由に旅を楽しみ、旅で学ぶことが期待された。それは、みずから、実際に確かめながら、世界という書物について学ぶことなのである。直観と自然の教育を強調するルソーの発想として、これはきわめて自然なことであろう。まさしく「陳列室は地球ぜんたい」なのである(9)。

書物や間接的伝聞によるのではなく、みずから歩いて、見ることが大切なのだ。見ることの重要性について、彼は、こう述べている。いささか長文にわたるが、引いておこう。

「書物の悪用は学問を殺す。人々は、読んだことは知っているのだと思い、自分はもうそれを学ぶ必要はないと思いこんでいる、あまりたくさん読むことは、なまいきな無学者をつくるのに役立つにすぎない。文学が栄えたすべての時代のなかで、現代ほど書物が読まれた時代はないし、現代ほど人々がものを知らなかった時代もない。ヨーロッパのすべての国のなかで、フランスほどたくさんの歴史や旅行記が印刷されている国はないし、フランスほど人々がほかの国民の精神や風俗を知らない国もない。たくさんの書物はわたしたちに世界という書物を忘れさせる。……観察すべき事実はどんな種類のことでも、読んではならない、見なければならない」(10)。人間を知るためには、他国人をもよく知らなければならぬ。「一国しか見ていない者は、人間というものを知ることにはならない」のである(11)。いわゆるフランス「中華」主義への痛烈な批判である。

その際、旅においては、名所、旧跡などといった、モノよりはできるだけ人間を見ることが大切なのである。しかも、都会よりはいなかや地方をめぐり、他国人とじかにふれて、これを観察することが、ルソーにおけるいわば旅の作法であった。

なぜなら、いなかや地方こそ、その国民の精神と習俗の研究にふさわしい場だからである。そこには、素朴な「まじり気のない姿」があるからだ。ここには、むろん、農村や自然へのルソー好みの投影もある。自然に近づけば近づくほど、人の心には善なるものが支配的となり、真純な人間のあり方を知ることができる。堕落した都会では、表面的で偏った人間像しか見れず、また、一部少数の人びとを通しての国民性把握は、幻の像をつかむことでしかない。だから、他国人の観察と研究は、都会から離れた所で、素朴な精神をもつ人びとと、生きた現実との接触を介してでなければならない、とされたのである。

若者たちを外国へ送る、ということは、逆に、外国からも迎え入れようとする流動性をも伴う。じっさい同時代のフランスの啓蒙思想家コンドルセ（Condorcet, 一七四三～九四）も、革命議会に出した教育計画案のなかで、組織的・体系的な公教育制度と学校階梯のプランを述べ、そのなかで、リセーのあるものを国境の近くに設けて、外国の青年たちを迎え入れ、相互の友愛と国際精神をつちかう一助にしようとしている(12)。

教育・学問の領域では、一八世紀から一九世紀にかけて、国ぐにのあいだにおける交流、とくに留学と教育旅行は、しだいに輪を大きく広げていった。

一九世紀の五〇～七〇年代にかけて、主要先進国は、ナショナルな広がりをもつ公教育制度の形成にとりかかった。それに伴い、各国は、他国の制度づくりを参考とし、互いに情報を求めあい、教育行政者や教員、学生の外国旅行や留学を積極的に奨励し、また、派遣するようになった。なかんずく、その国民教育制度の組織と体系が範とされ、学芸と文化の研究のメッカとされたプロシアを含むドイツへは、多くの国ぐにから、視察者や留学者が集まっていったのである。

第八章　幕末明治の海外留学生

二百数十年にわたる永い鎖国体制も、幕末になると、西洋各国からの圧力と要求によって、幕府は、心ならずも、開国への道を模索し始めた。とくに、一八五三（嘉永六）年のペリーの来航以後、幕府は強大な西洋の軍事力に対抗し、日本防衛のために、西洋式の軍事技術と体制をつくり上げることを迫られた。また、それとともに、外国の情勢をよく把握することも、日本の将来への道にとって、不可欠の策であった。

そうした、西洋の軍事におけるすぐれた技術や武器、船艦の導入、および「夷情探索」のために、幕府は、西洋先進諸国へ若者たちを留学させた。すなわち、一八六二（文久二）年にオランダ、六五（慶応元）年にロシア、六六（慶応二）年にイギリスへ、それぞれ派遣した。これらの派遣は、純然たる留学であり、それぞれ一五人、六人、一四人のグループの派遣であった。

また、同じく一八六七（慶応三）年、万国博覧会がパリで開かれ、これに日本も初めて参加することになり、幕府は将軍徳川慶喜の名代としてその弟の徳川昭武を渡仏させたが、この昭武と従者ら総勢二五人も、博覧会への参加・見学のほか、西洋文物の視察と留学を目的としたものであった。後述のように、明治における国家的起業家の一人ともいうべき渋沢栄一も、その一行の中にいたのである。

一方、幕府によるそうした留学生派遣に対抗し、それと競うかたちで、諸藩の側でも、さかんに欧米各国へ藩士たちを送り込んだ。当初は、むろん、幕府の鎖国政策、すなわち外国への渡航の厳禁という体制の下で、秘密裡に行なわれたのであった。その派遣の動機は、基本的には、幕府の場合と同じく、武備の強化と外国事情の調査、先進文明の導入ということにあった。

一八六三（文久三）年の長州藩士たち（伊藤博文、井上馨、山尾庸三、井上勝ら五人、すべて後年の名による、以下、同じ）のイギリス留学、それから二年後の六五（慶応元）年に行なわれた薩摩藩士たち（五代友厚、町田久成、寺島宗則、畠山義成、森有礼、吉田清成ら一九人）のやはりイギリスへの留学などが、藩による派遣の先鞭をつけるものであった。両者ともに、各人すべて変名し、幕府に知られることを恐れて、密かに出国した。

そののち、幕府当局も、ついに一八六六（慶応二）年になると、学問修業のための渡航を許すことになり、留学は、米、蘭、露、英、仏、ポルトガル、プロシアの各条約国に限り、原則的に自由化された。この渡航解禁は、学問と商業に限られるという枠づきのものではあったが、諸外国との条約の締結によって、外国人の来日はできても、日本人の外国行きができないという一方通行的なあり方から、ようやく、相互交通的な流動の時代に入ったことを意味する。人の移動は、知の拡大と世界の広がりへと拍車をかけるものになったのである。永きに及んだ鎖国のもとでの知的好奇心は、一挙に新鮮なふくらみを増し、外国に渡った若者たちを、新しい時代、世界へと導いたのであった。

西洋という進んだ文明に驚き、異文化にとまどい、日本の国の形成に貢献しようとする若者たちの姿は、単に、留学生だけにとどまらなかった。留学のほかに、もうひとつ、幕末の青少年たちの異文化との出会いのルートがあったのである。それは、幕府による何回かにわたる欧米への使節団とそれに随従した人びとによる、西洋の視察と体験の旅であった。これら遣外使節団は、条約の批准、万国博覧会への参加、開港の延期交渉など、さまざまな任務と使命の「外交使節」ではあったが、あわせて、先進文明を見聞、調査し、日本を世界に紹介するきっかけともなった「文化使節」ともいうべきものでもあった。

一八六〇（万延元）年の遣米使節団以後、六一（文久元）年から六七（慶応三）年に及ぶ計五回のヨーロッパ派遣使節団には、好奇心にあふれ、精神の地平の拡大にあつい情熱を傾けた人びとも多かった。明治の啓蒙思想家であり知的挑戦と実践の先導者であった福沢諭吉などは、その代表的な例の一人といえよう。

「一身独立して一国独立する」という、かれの基本的信念は、他律と受け身の封建の社会と人間像から、自立と自主による近代の社会と人間への転換という課題にあった。まさに、国と人間の新しい形成の時代における、形成の思想家であり実践者でもあった。そうした福沢の意識の転換も、実は、二度にわたる欧米への渡航と、新しい発見の数々の所産でもあったのである。

外国に渡り、異文化に触れ、新しい発見を行ない、帰国後さまざまな領域でいろいろな形と内容で、それらの成果を生かし、力を発揮したのは、単に「留学者」だけにとどまらず、広くは、使節団などの「視察者」の場合にも見られる。まして、幕末期においては、渡航の形態も、外国での滞在の期間、見聞・修業などの中身も、「留学者」と「視察者」を厳密に区分けすることはむずかしい場合が多い。また、異文化への対応の態度と帰国後の活躍といった点でも、両者を明確に分けて考えることは、少なくとも、幕末期の人びとの場合、あまり意味はないように思う。

したがって、幕末の「留学者」だけを取り上げて、留学の成果ないし効果としての帰国後の行動の軌跡、あるいは活躍の跡を見ようとすることは、幕末海外渡航者の全体像のごく一部分でしかなく、本来なら、「視察者」まで包み入れて扱うべきであろうが、いまは、一応、「留学者」として把握されうる分だけについて、概括的に見てみたい。

まず、幕末期の留学、すなわち一八六二（文久二）年から一八六八（慶応年間の末）年までの間のその内訳である。筆者の調べでは、「留学」として認めることのできる総数は、一五二人に及ぶ。そのうち、幕府の派遣が六三人、諸藩が六二人と、ちょうど同じくらいの数になっており、あと、私費（純然たる私費と脱出などによる場合も含む）が八人、その他不明が一九人である。藩の場合は、先の長州、薩摩のほか仙台、福岡など大藩が多い。これは、莫大な留学費用の負担から見て、当然であろう。なお、出発の時期は、一八六五（慶応元）～六八（慶応四）年間にほぼ集中し、全体の七八パーセントを占めている。これは、いうまでもなく、六六（慶応二）年の渡航解禁の結果と考えられる。

留学先の国については、幕府と各藩のあいだで対照的である。すなわち、幕府の関係では、仏、蘭、英の順に多く、米はごくわずかなのに比べ、藩と私費の方では、逆に、米が圧倒的に多く、次いで、英、仏となり蘭は僅少にすぎない。これらは、それぞれの対外関係の違いを反映したものと見ることができる。つまり、幕府とフランス、諸藩の側と英米、といった両者の外国とのそれぞれの親密な関係が、留学先の違いともなってあらわれているのである。

とはいえ、幕末留学の特色のひとつは、明治初期の留学の場合とも共通する点なのだが、全体としては、いずれかの特定国に集中することなく、アジアを除く、あらゆる西洋先進国にわたって出かけて行ったことである。明治におけるお雇い外国人の出身国の多様さとも軌を一にして、この広がりということは、幕末・明治初期における、日本人の西洋世界の多面的な観察と把握を可能にしたものであった。

さて、これら幕末の留学生のうち、幕府が派遣した者のなかには、どのような人たちがいたのか。先に触れた六三人全部について紹介する紙幅もないので、以下、そのうち、帰国後の主たる活躍の領域ないし分野ごとに、名前と留学国、出発・帰国の年、帰国後の主なポストなどを、ごく一部の人びとに限って、順を追って見てゆくことにする。なお、幕末から明治の初期では、一人の人物がいくつかの異なるさまざまな分野で活躍した場合が多いが、ここでの紹介は、仮に、そのうちの主要な分野のいずれかに組み入れての概観にしかすぎない。そして、本章では、最後に、幕末の留学のもつ意義について、若干の点に触れることにしたい。

1　帰国留学生たち

まず、かれらが活躍するに至った領域として、最も多かったのは、軍事とくに海軍の関係である。まず、赤松大三郎（蘭、文久二年出発〜慶応三年帰国、以下、文久二〜慶応三年、と略記、沼津兵学校教授、海軍中将、貴族院議員）、上田寅吉（蘭、文久二〜慶応三年、軍艦造工長）などがいる。また、有名な榎本武揚（蘭、文久二〜慶応三年）は、オランダから開陽丸に乗って帰国、旧幕臣を救うため蝦夷地掌握を図り、新政府軍と交戦、五稜郭で敗退、投獄された。のち明治に入り、北海道の鉱物資源調査、農業振興に尽力、さらに海軍中将、海軍卿のほか、外務関係では、ロシアとのあいだで千島・樺太交換条約を締結した。のち、駐清公使、逓信・農商務・文部の各大臣も歴任した。

ほかに、勝小鹿（米、慶応三〜明治四年、勝海舟の子、海軍の横須賀屯営副長、海軍少佐）、沢太郎左衛門（蘭、ベルギー、文久二〜慶応三年、榎本とともに政府軍と交戦、投獄ののち開拓使、海軍兵学寮・兵学校の教官、陸軍と兼任で火薬の製造の指導などに携わった。わが国の海軍将校の育成に尽力）、田口俊平（蘭、文久二〜慶応三年、海軍操練所教官）、長田銈太郎（仏、慶応二〜明治元年、静岡藩学問所教授、横浜兵学校教官、ロシア公使）、古川庄八（蘭、文久二〜慶応三年、榎本らと政府軍と交戦、開拓使、海軍技師として横須賀造船所の一等工長など、のち浦賀船渠株式会社の船渠長、同社顧問）らがいる。なお、陸軍の関係はきわめて少なく、わずかに原田一道（仏・蘭、元治元〜慶応三〈?〉年、兵学校頭、砲兵会議議長、陸軍少将、東京砲兵工廠長）くらいにとどまる。

次に、教育（文部省）関係にも比較的多くの人材たちが集まった。順を追って名前を挙げると、市川文吉（露、慶応元〜明治六年、文部省に出仕し、東京外国語学校でロシア語の教員となり、二葉亭四迷らに教える。ほかに、特命全権公使榎本に従ってロシアと千島・樺太交換条約締結に尽力、また、黒田清隆のシベリア経由欧米の旅にも参加）、市川盛三郎（別名、平岡盛三郎、英、慶応二〜四年、開成所教授、英へ私費留学〈明治一〇〜一二年〉、東京大学理学部教授、ロスコーの『小学化学書』を翻訳）、大築彦五郎（露、慶応元〜四年、開成所教授試補、開拓使訳文掛）、岡保義（別名、伊東昌之助、英、慶応二〜四年、開成所教授、のち鉱山寮へ）、小沢清次郎（別名、圭次郎、露、慶応元〜四年、開成所教授試補）、杉徳次郎（開成所教授の杉亨二の甥、英、慶応二〜四年、静岡学問所・沼津兵学校の教員）、安井真八郎（英、慶応二〜四年、大坂開成所教員）などである。

もう一人、重要な人物として、内田正雄（旧名、恒次郎、蘭、文久二〜慶応三年）がいる。幕府による初めての派遣だったオランダ留学グループの取締役（団長）として渡航、海軍関係の技術（砲術・運用・造船）などを学んだ。しかしそれよりもむしろ地理学や博物学に関心を深め、独学のかたちで勉強した。帰国後は、海軍の方面には就かず、文部省に出仕した。学校取調御用掛となり、『和蘭学制』（明治二年、開成学校刊）をまとめた。オランダの学校制度の概括的な紹介書である。内容は主にオランダの小学校法と中学校法の翻訳である。

一八七二（明治五）年の「学制」によって、日本の近代学校制度がスタートしたが、内田のこの書物は、小・中・大の各学校の階梯制度の導入に資したものとして大きな意義をもつ。また、かれは、世界地理書である『輿地誌略』（明治三年、南校刊）も出し、これは、福沢の『学問のすゝめ』、後述、中村正直の『西国立志編』とともに、明治の三大ベストセラーとして、若者たちに多大の影響を及ぼした。同書は単なる外国地理書の翻訳にとどまらない、かれ自身の日本の開化への期待、たとえば「自主自由」の権利の保障こそが文明開化の根本要件であるなどの点も強調されている。役職としては、大学中博士、文部中教授などとなったが、早くに野に下り、さきの訳述書の刊行や博覧会など博物学関係の分野でも多大の貢献をした。

他方、学術の分野では、津田真道（蘭、文久二〜慶応元年）、西周（蘭、文久二〜慶応元年）の二人がいる。津田は、西洋法学の導入者であり、『泰西国法論』の訳述、「新律綱領」の編纂、司法判事以降高等法院陪席裁判官など司法界での活躍のほか、西らと明治初期の啓蒙結社「明六社」をつくりそのメンバーとして、一般への啓蒙活動も行なった。他方、西は、西洋の近代哲学の紹介者であり、「哲学」ということばをつくった人物としても知られる。文部省関係のポストのほか陸軍省に出仕し、「軍人勅諭」(明治一五年)の起草にも当たった。

このほか、菊池大麓(英、旧名、箕作大六、慶応二～明治元年、東大理学部教授、東京数学会社の結成、理科大学長、帝大総長、文相などを歴任)、外山正一(英、慶応二～明治元年、静岡学問所教授、ミシガン大〈留学〉、東大教授、新体詩の発表、ローマ字採用論など啓蒙活動を行ない、日本最初の文学博士となり、のち文相)、中村正直(英、慶応二～明治元年)などがいる。中村は、イギリスのS・スマイルズ(Samuel Smiles, 一八一二～一九〇四)の『セルフ・ヘルプ』(*Self-help*, 一八五九)の訳『西国立志編』(明治四年)や、J・S・ミル(John S. Mill, 一八〇六～七三)の『自由論』(*On Liberty*, 一八五九)の翻訳『自由之理』(同六年)などによって、明治の青少年たちに影響を及ぼした。

『西国立志編』は、スマイルズの原著が、イギリスの若者たちに対して、成功者のいろいろな伝記を通して、立身出世が自らの努力と勤勉によって果たされうるものであって、むしろ学校教育以外の場での実践の分野で果たされるという期待をいざなったのに比し、『西国立志編』での日本の場合は、逆に、立身出世の道と学校とが結びつく方向への刺激となった点に、対照的な違いがあるといえる。

中村の思想史上の大きな意義は、「東洋道徳西洋芸術(技術)」という、伝来の二分法的世界イメージに対し、東洋の儒学（教）と西洋のキリスト教とが、道においては一致するものであるとし、いわば東洋と西洋との連続化、普遍化を図ったことにあろう。啓蒙家として、やはり明六社の一員として活躍したほか、教育者としては、私塾同人社の創設と運営、東京大学教授、女子高等師範学校長、訓盲院の設立など多面的な活躍をした。文章家としても知られ、『敬宇文集』ほかの著作もある。

　また、医学の分野にも、明治医学界の指導的役割を果たした人びとがいる。たとえば、伊東方成（蘭、文久二～明治元年、典薬寮医師、大学中博士、蘭のユトレヒト大へ留学〈明治四～七年、主に眼科を学ぶ〉、侍医）、それに緒方洪庵の二人の息子たちもいた。まず、次男の緒方惟準（蘭、慶応元～明治元年、典医、一等軍医正、軍医学校掛、東京陸軍病院長、のち、大阪慈恵病院を設立）、さらに、三男の緒方城次郎（露、慶応元～明治元年）は、帝国大学病院薬局取締、のち緒方病院を開設し薬局長、また、和露辞書である『魯語箋』を編纂、日本のロシア学の発展に貴重な貢献をした。

　なお、医学の方面ではなかったが、もう一人、洪庵の子、五男の緒方惟直（仏、慶応三～四年）も、幕府派遣の留学生であり、帰国後、陸軍兵学寮の教官を勤めたのち、ウィーン博覧会など何回かの万博の事務官として渡欧、イタリアのヴェネチアの商業学校で日本語を教え、同地でイタリア人女性と結婚、しかし二六歳の若さで現地にて病死した。

　このほか、外務省を中心とした外交畑にも、外国帰りの留学生たちの活躍は目立っている。有名なところでは、高木三郎（米、慶応三～明治四年、富田鉄之助とともに勝小鹿の随従として渡航、アメリカ在留弁務使館書記になってから八年間在米、サンフランシスコ、ニューヨークの領事などを勤める、帰国後、横浜で生糸輸出業に携わった)、富田鉄之助(米、慶応三〜明治五年、ニューヨーク、上海、ロンドンなどで領事、書記官として在勤、のち大蔵省に移り、日銀総裁、東京府知事などを歴任。やがて実業の分野に転じ、富士紡績、横浜火災保険などの会社を創立、啓蒙活動としては、アメリカ留学経験者の団体「人力社」を中心として活躍、また教育にも関心を向け、留学仲間の服部一三らと共立女子職業専門学校を設立した)らがいる。

さらに、林薫(英、慶応二〜四年、榎本軍に従軍、明治義塾の英語教師、岩倉使節団に随行、工部大学校設立に協力、香川・兵庫の各県知事、陸奥宗光のもとで遼東半島還付の問題で外国側と交渉、清・露・スウェーデン・ノルウェー・英の公使、とくに日英同盟の調印に尽力、のち外相、逓信相など歴任、ミル、ベンサムらの経済、刑法論なども訳述した)も、留学、在外体験を大いに活かして、国家の形成にかかわった事例の一人といえる。

司法の分野は、きわめて少なく、わずかに名村泰蔵(仏、慶応三〜四年、仏学局助教から司法省に入り、明治五年、司法研究のため再渡仏、パリ大学の法学の教授ボアソナードの来日に努力、のち、司法書記官、大審院検事長、大審院長心得などを経て、実業界へ転じ、東京物産株式会社ほかの企業の役員として活躍)が、明治の司法制度の確立に大きな役割を果たした。

以上、若干の人びとについて触れた。どの人物も、帰国後は、狭い特定の領域だけでなく、同時的にであれ、連続的にであれ、ほとんどは、広くさまざまな領域で活躍した。それは、まさに、形成の時代としての明治という時期のひとつの特徴であろうし、そこで力を発揮した明治人の共通的な幅広さという特性のあらわれでもあった。さきに述べた人びとの簡単な略歴の中身からも、その多面性が窺われよう。

とくに、近代化を急ぐ明治期にあっては、富国を通しての強兵という路線が官民共通の課題でもあったわけであり、そのためにも、官を辞して、民間の実業界に転じる例も多かったのである。そうした、官と民の相互協力による、国富への道、つまり産業の国家的レベルでの創業の時代の典型的な例の一人が、渋沢栄一（仏、慶応三〜明治元年）である。

彼は豪農の家に生まれ、若いころは儒学を学び、尊王攘夷の運動にも走ったが、一橋家に仕えることになり、慶喜が将軍になるに伴い、幕臣となった。前に触れたように、パリ博への将軍名代としての昭武の渡仏に従って、西洋文明に触れた。とくに、かれは、西洋諸国の富強の根源が経済の仕組みにあることに気づいた。すなわち、商工業など産業の発達のためには、会社（「合本」）組織が不可欠であり、また、銀行という金融の組織化が最も重要であることにも触発された。しかも、日本の封建時代のような、官尊民卑の気風では近代国家の形成は不可能であり、あくまで、国民、民間の下からの力の育成こそ急務と考えた。

帰国後、かれは、慶喜に仕えて静岡で隠棲しようとしたが、その識見、実力が新政府によって見込まれ、大蔵省に登用され、税制、度量衡、貨幣制度の改革、鉄道、銀行などの諸制度の確立のために尽力した。しかし、明治六年には官を辞し、民間の企業づくりに精力を注いだ。第一国立銀行、王子製紙、大阪紡績、日本鉄道、東洋汽船などの諸会社の創立にあずかり、まさに、日本の資本主義形成の初期的オルガナイザーとして、実業界に君臨した。

かれの思想と行動は、「渋沢論語」ともいわれるほどに、論語への傾倒によって支えられる儒教の道、モラルを理想とし、資本主義における「私」と「競争」の原理に対する、「公」と「協力」の観点からの倫理を唱えた。「士魂商才」ということばにも象徴的なように、商にあっても、「公」の義を大切にすることが、かれの終生の信念でもあった。現代の日本の経済界、政治、官僚の世界においての、「公」を忘れた、私利、我欲にまみれた、汚職や道義の退廃の様相からすれば、渋沢のこの教えは、明治の時代のみならず、現代にも大いに生かされなければならない今日的意義があろう。

2　幕末留学の意義

幕末の留学生たちは、幕府からの派遣であろうと、諸藩からのそれであろうと、当初は、狭い技術分野（軍事、製造その他）の伝習を目的として派遣されたものであった。だが、かれらは、じっさいに欧米の地に着いて、見聞、修学を重ねるうちに、しだいにその学習対象は広がり、出来上がった応用的な技術学よりはこれから発展する土台ともいうべき原理的な基礎学に及び、また、西洋の文明の富強の表面だけでなく、それをもたらした根源そのものへの関心を深めた。

それは、国家を支える国民の力の養成、国家意識の育成という基本にも通じるものであった。幕府の留学生たちと諸藩の留学生たちは、日本を出かけるときは別々の立場であり、お互いのあいだの対抗意識を強くもっていた。しかし、ひとたび外国に渡り、西洋富強の現実を目のあたりにし、西洋列強によるアジアなど後進地域への侵略の様相を知るに至って、日本人としての危機感を強め、幕藩といったローカルな意識を超えてナショナルな意識と覚悟において合致するに至る。

そして、かれらは、開国の促進、先進文明の導入、政治の中央集権体制への転換、近代産業の取り入れと発展など、各般の近代化への路線を模索し、それに貢献した。

明治に入ってからも、廃藩に至る間の諸藩は、いぜん、有能かつ実力のある藩士を選んで欧米へ留学生を送り込んだ。

このことは、幕府の留学生派遣とも合わせて、やがて明治以降の日本の国づくりに向けての、大きな歴史的投資ともいうべき役割を果たしたのである。いわば、歴史的には滅びゆく旧い勢力（幕府と藩という）が、新たに展開する時代に対しての新鮮な活力源としてはたらいたのであり、その点では、まさに歴史的遺産といってよい。

幕末の留学生たちは、出かけてゆく先の欧米の世界と文化にはほとんど予備知識や情報も乏しいままに、大きな恐れや不安をいだきながら出発した。現地に到着してからの文化的な摩擦、ショック、困惑、苦悩ももちろん大きかった。病に倒れたり、その後の消息も不分明な人びとも多かった。

そうした苦難の渡航と滞外生活を支えたのは、かれら若者たちの、これからの日本をつくってゆくために働こうとすること、つまり、強烈な奉「公」の観念、言い換えれば、近代への道を進む日本の形成の時代にあって、その形成に貢献しようとする参加の意識と使命感であった。

かれらのそうした国家への貢献の意識、使命感は、帰するところ、私の利よりは「公」の義に尽くそうとする、広い意味では、「サムライ精神」に発するものであった。しかも、日本および日本人としての自覚や誇りをしっかりともち、自らの土着の文化を外国人に対して語りうるものをそなえていた。と同時に、日本および日本人の「文明の遅れ」については、十分自覚し、けっして自国を尊大視することなく、「遅れ」を知り、他国の「進歩」から学び取ろうとする、知的慎みもあったのである。

現代、国際化と流動化は急テンポかつ大規模な広がりで進んでいる。今日の留学も、異文化理解や多文化への教育なども、量的、質的に格段の勢いで進行しているし、また、推進してゆかなければならない。幕末の留学生たちが、明治以降の日本の近代化に果たした現実的な実践の跡も、もちろん、しっかりと見極める必要があり、留学の効果、影響の姿も、仔細に検討することは大事である。とともに、現代において、幕末、明治初期の留学から学びうるのは、日本人が日本人として、さきに触れたような、皆のためという「公」の意識をもち、また、自らの「文化」のしっかりした認識と誇りをもつことであろう。

このことは、「留学」の場合だけのことではない。広くは、日本の国際化そのものにとって、重要な点なのである。国際とは、いうまでもなく、国と国の間の関係のことである。自国と他国があり、国々があって、その相互の理解、交流、親善の関係を広げ、深めてゆくことにほかならない。

その際、大事な点は、「国」を支え、その発展に資するという意識をもち、私利と我欲の追求に陥ることなく、他者や皆をつなぎ、ともに生きてゆこうとする、いわば「公」の意識をしっかりと身につけてゆくことであろう。そのためには、自らの文化をよく認識し、それを、国際的にも他者に対しても、自信をもってしっかりと語り理解を求めてゆく、ということが大切である。

戦後日本の教育は、戦前日本の教育の偏りと誤り、という反省のゆきすぎで、日本の伝統的文化や土着的な生活文化を無視し、精神的無国籍化への道を進んできたかに思われる。今や、世界の中の日本および日本人として、他に学び、自らを語れる人間の教育こそが必要なのである。

3　アメリカ人の見た日本の若者たち

幕末明治初期に、アメリカへ留学した日本人たちの世話に当たった中心的人物の一人に、チャールズ・ランマン（Charles Lanman, 一八一九～九五）という人物がいる。そのかれに *The Japanese in*

America (New York, 一八七二）という、留学生の観察記がある。以下、その頃の留学生たちの様子を知る一つの資料として、この書物を紹介することにしたい。

チャールズ・ランマンは、一八七一（明治四）年に在米日本公使館に書記官として就職し、当時の駐米弁務使森有礼のもとで、同年の九月から満一か年の間、勤めていたことのある人物である。森の対米外交交渉やアメリカ研究に対して、秘書役としていろいろ協力し、また、ちょうどそのころ訪米した岩倉使節団の迎え入れの世話にも当たった。なお、よく知られているように、岩倉一行が訪米のおり連れていた五人の女子留学生たちの世話もよくやり、最年少の津田梅子を長く自分の家に引き取り夫婦ともども、家族同様に暖かく見守り、修学の便宜をはかったのである。当時のアメリカ人きっての親日家だったと言える。もっとも、森有礼研究家のＩ・Ｐ・ホールの推測によれば、ランマンのこの親日的な態度の過激さが裏目に出て、顧問格のようなかたちで森にいろいろと口を出し過ぎ、けっきょくそれを快く思わなかった森に一か年の契約を更新されず、任期満了とともに解雇されたのではなかったかという（大久保利鎌編『森有禮全集』、第三巻、一九七二年、巻末のホール氏の解説による）。

かれの祖父はコネチカットの大審院判事、上院議員をつとめ、父も、イエール大学を卒えたのちミシガン州の収入役のポストにあったといわれ、名門の出自である。ランマン自身は、専門学校を出て、若いころ、ある商会の事務に携わったり、陸軍省の司書官をつとめ、のちには国会の図書館長その他、永くライブラリアンとして活躍した。一八五〇年ころ、ダニエル・ウェブスターの秘書もつとめたことがあるなど、実務家的才能もあったようである。

いっぽう、文筆家としての才もあり、各種の新聞や雑誌の編集に携わったほか、著書も、伝記（たとえば、*Private Life of Webster*, 一八五二年、ほか）、各種辞典（*Dictionary of the United States Congress*, 一八五九年、など）、それに日本紹介の書物（この *The Japanese in America* とか *Japan, Its Leading Men*, 一八五九年など）、その他、各地の旅行記など、三〇余種にのぼるという。自然の風物を愛し、絵筆もとり、ロングフェローやアーヴィングらともつきあった、文人でもある（ランマンについては、吉川利一著『津田梅子』、昭和五年、前掲『森有禮全集』、第三巻、巻末のホール氏の解説が示唆的である。なお、R・オールコックも、この *The Japanese in America* が出版された直後、*Edinburgh Review*〈一三六巻二七七号、一八七二年七月〉で書評を行ない、日本の歴史と現在についてよく知っている著者の深くつっ込んだ日本紹介記事である、と讃えている）。

さて、この書物は、まず第I部で、使節団一行の訪米経緯と在米中の様子を紹介し、さらに、当時の日本人留学生についてのランマンの説明と学生たちの作文集とが第II部としてまとめられ、第III部にはアメリカの生活と文化の諸相が概括的にリポートされている。これらの三つの部分はそれぞれ独立した別箇のもので、必ずしも関連をもったかたちで収録、構成されているものではない。第I部は、岩倉使節団一行の訪米に至る事情から始まって、アメリカに着いてからの行程、首脳たちの演説や動静などが紹介され、これを迎えるアメリカ側の反応なども、報告書ふうに、どちらかというとかなり客観的にたどられている。ランマンの筆になるものではあるが、おそらく、森の考えによって、これを機会に日本および日本人をアメリカに紹介しようとする、いわば文化政策的な動機に基づいて、ランマンに書かせたものであろう。同じ年ロンドンでも、この書物が出版されていたが、これも、やがて訪英する一行を迎えるに当たって、イギリス側に対する情報提供ないし予備的宣伝の意味があった。内容は両者ほぼ同じものに近い（ロンドン版は増訂のかたちで、若干、附加された箇所もある）。装丁は、ロンドン版が緑色の表紙にカメの絵が添えられてあり、アメリカ版の方は、赤色の表紙に、金文字で、「米國在留日本人」と書かれ、日米両国旗が交差している絵が上段に飾られている。内容ともども日米親善時代の幕開けを示すにふさわしい書物である。

第Ⅱ部も、森がランマンに委嘱して、アメリカの富強の源を探るために、アメリカ人の生活とその背景を、文化・自然条件その他広い視点から明らかにしようとして書かせたものである。これは、前年の一八七一年に単行本として出版されたのを、再び本書に収録したものだった（なお、大久保利謙氏が編纂された『森有禮全集』の第三巻に、第Ⅰ部の全文と、この第Ⅰ部のうちの Educational Life and Institutions という章の部分が収録されている）。

ところで、第Ⅱ部は、日本人学生たちの作文、演説筆記、手紙が集められ、初めにランマンの序文的な解説が附されている。学生たちの作品はいずれも達者な英文であり、内容も、西洋文明をかなり客観的に見ており、欧米各国の実情をクールな眼で眺めている。とくに文明の光にかくれた影の側面に着目して論を展開しているのが目立つ（功利主義の弊害とか貧富の懸隔、キリスト教の欺瞞性など）。これらの作文集については、別のところでふれたことがあるので（『歴史と地理』、一九六八年三月号、山川出版社）、今、この第Ⅱ部の初めに書かれているランマンの解説のうち、主要部分を訳出し、ここに掲げることにする（なお、この序文の末尾に、留学生の一ケースとして、ある留学生の経歴が附せられているが、本人の希望で名前は伏せられたとあるけれども、はっきり新島襄とわかり、よく知られたこと以上の記述はなく、紙幅の関係もあるので、この部分は割愛する。新島については次の第九章で取り上げる）。公私ともにひんぱんに日本人学生たちと接触した、ひとりの同時代の外国人による日本人留学生観の一つとして、その観察と評価を窺うことにしたい。

これまでにアメリカへやって来た日本人留学生の総数は五〇〇人と推定されており、現在この国で修学中の者は約二〇〇人ほどである。その多くは、ニューイングランド諸州やニューヨーク、ニュージャージー、ペンシルベニア、メリーランドなどの州に集まっている。ほとんどの学生は政府の費用負担によるものであり、ごく少数の者が金持ちの世話になり、またそのほか五、六人は自己負担である。かれらの所要経費は、年間およそ一〇〇〇ドル、お金はすべてワシントン駐在の弁務使の手を経て学生たちに渡される。学んでいる学校はさまざまで、個々の学生が、将来就こうとする職業とか官吏になる志望に応じて、それに見合った学校をそれぞれ決めている。ワシントンへ定期的に送られてくる各学校からの報告書には、日本の息子たちが、その知的進歩、有徳さ、ふるまいの立派さなどにおいて、アメリカの学生と少しの違いもないことが記されている。ニューイングランドのある著名な教師は、もし日本人全部がアメリカにいる学生たちのようなら、学校をそっくり日本へ移してしまいたい、とすら言っている。また、留学生の世話に当たっていて、かれらの態度や性質をよく知っている別の人も、日本へ行こうというつもりがあるかどうかを尋ねられて、いかにも行ってみたい、たぐいまれな特色をもつその土地で、自分自身の教育を完全なものにしたいから、とはっきり答えている。アメリカへ来てからまだ間もない日本人学生たち二九人の一団を引率して、汽車で西部地方を旅行するという珍しい機会をもったこともある、イリノイのJ・D・バトラー教授も、こんなふうにいっている——「これほど末頼もしい学生たちを見たことがない。それぞれ二本の刀——気高さのしるし——を持っているのだが、ほとんどの者はそれを荷物の中へしまい込み、そんな無用の長物の代わりに、座席や台の上に書物を出していた。観光案内書や旅行地図の類だけでなく、辞典、文法書、数か国語の対訳用語集などだった。窓の外につづくとうもろこし畑や小麦畑の風景に見飽きると、どの学生もいっしょうけんめい本を読んだりものを書いたりするのであった。酒も飲まず、トランプや賭けごともしない。私自身も、何か、学校の中に居るような感じがしたのである。たばこは吸っていたが、裁縫で使う指貫〔ゆびぬき、針の頭を押すために指にはめる輪〕の半分くらいの大きさの火皿がついたものを使って、ちょっとずつ薬を飲むような調子で、吸っていた」。

アナポリスの海軍兵学校のジョン・L・ウォードン提督は、海軍省長官から同校における日本人学生たちの様子を尋ねられて、その修学状況を詳しく説明し、次のように賞讃している。

「かねて申し上げておりますように、日本人学生たちの操行はたいへん立派です。本校の規則に反するようなことはまずなく、気だてもよく、規則をきちんと守っており、すばらしいものです。従来からもずっとそうですが、かれらは、本校の士官候補生たちとまったく同じ規則と慣行に従っており、毎朝行なわれる礼拝にも出ますし、安息日の礼拝にも出席しております。なお、この礼拝について申しますと、かれらはこれに深い関心を寄せておりまして、敬虔さのあふれたその態度は、キリスト教徒である西洋人学生たちにけっしてひけをとるものではありません。本校に在学している日本の学生諸君の気風とか学業に対する真剣さ、あるいは、各般の事がらに向けての鋭敏な対応、などの点から見て、本官は、わが国の議会がこれら日本の若者たちの本校への入学を許可したことはたいへんよいことだったと思います。と申しますのは、やがてこのことが、日本においてアメリカへの関心が盛り上がり、キリスト教文明に近づいていくことに、たいへんよい結果をもたらすと言って間違いなかろうと思うからです」。

かれらは森氏をこの国における自分たちの保護者だと思っているので、学業の進んだ者たちは、学校の成績をかれに報告するのがならわしのようになっている。後に掲げるいくつかの作文も、こうして集まったもののなかから選んだものである。かれらがいだいている意見は、人間それぞれ異なった特徴があるように、みんな違う。森氏は、かねがね、学生たちがアメリカに対して嫌味のある批評を口にするのを慎ませるのは自分の義務だと心得ているように見受けられる。アメリカ人と日本人の間に親愛の情こそ育てなければならない、と強く望んでいるからであろう。

作文のいくつかは、かなり年少の者によって書かれたものであり、あからさまに痛烈な意見を述べているのもある。けれども、それは親密な気持ちで書いていると言うより、半ば、おもしろ半分に冗談めかしたものなのである。アメリカ人の生活にみられるなにがしかのまずい点を手きびしく衝いた作文もあるが、それは、真実をつかみたいという一心のあらわれだし、思っていることをありのままに語る正直さのゆえでもある。かれらは教会へ行くことを楽しんでいるふうがあり、また、宗教について語っているのを聞いても、べつだん、聖なるものを信じないわけではないようだ。ただ、キリスト教におけるありきたりの信仰告白は欺瞞的で滑稽な猿真似みたいなところがある、という感じを拭いきれない様子である。それに、祖国の嘆かわしいさまや苦難の状況の多くが、政府までも呑みつくしてしまうようなカトリックのやり方から直接もたらされたものであるということにも無関心でいられないようだ。日本ではまだ、一般の大衆はもちろん、有識者でも、キリスト教の各派それぞれの特徴や違いを見きわめるまでには至っていない。むろんこのことは不幸なことではあるけれども、無理もないのである。日本人と接する機会のあるアメリカ人は、すべからく、正しい模範を示すことによって、時の流れとともに、この真正の宗教に対して東洋でかなりはびこっている偏見を取り除いていくことが、定められた務めなのである。

日本人が社交界の特徴や流儀をたいへん細かく観察しているのも事実である。よい例をあげよう。ワシントンに住んでいるある日本人は、なぜパーティーに出たがらないのか、と尋ねられて、こう答えたものである。「私はまだおとなじゃありませんから。たしかに歳はもう二一を過ぎていますが、精神的にはまだ子どもにすぎません。ジャケットも私にはせいぜいつばめのしっぽみたいなものです。あと五、六年も学業を積んでからだったら、パーティーに出て、お酒を飲んだり、たばこをふかしたり、ダンスをしたりすることも似合いましょうが、いまはまだ早すぎます。立派に一人前になったら、あるいはそんなような高尚なことをやる機会もあるかもしれません。けれども、私の国が期待しているのは、そんなことが達者になるということではありません」。この学生も、他の人たちと同じように、うわっつらばかりの仰々しい教会に対しては、やはり、嫌悪の念を消し去りえないようであり、じっさい、生活は地味で慎ましく、克己的な気風にあふれ、けなげにもスパルタ的な厳しい日々を過ごしているのである。

かれらの知的な面での特殊事情を考えれば、その知識の程度がとびきり高い、と簡単に評価してしまうこともできない。現在この国で学んでいる二〇〇人のけなげな学生たちについて、本書に載せた作文の若干の例を通して推察するなら、かれら日本の若者たちは他の国の学生たちとじゅうぶん肩を並べうる、と言える。いずれも母国語でしっかり教育は受けてきたのだが、ごくごくわずかな例外はあるけれども、ほとんどは英語を五年間も学んだことはなく、大方は一、二年そこそこしか習っていない。そんな事情をかえりみれば、英語を読み書き話すその能力は、まことに驚くべく、立派というほかない。本書に収めた作文からもそのことがわかる。

まだ二〇歳にもならぬ一人の学生の場合、文章は明快で正確、しかもつぼを心得た書きっぷりで、アメリカ人作家にも手本として役立ちそうである。これが英語をたった四年くらいしか学んだことのない人の手になるものなのだ。書かれている内容もまた、その表現力と相まって、みごとなものである。ほかに、アメリカへ来てからまだ一五か月しかたっていない若者の場合も、アデソン氏の『スペクテーター』誌に出してもちっともおかしくないような文章をものしている。この人たちより少しばかり年輩の、やはり本書の作文を書いている人は、ぴりっと味のきいた、分析的な表現力を以て、総合大観的な見方を披露しており、この仁もいずれはきっと気鋭の政治家として活躍していくことであろう。いま述べてきたような人びとがやがて指導者として育ってゆき、日本帝国はその恵みを受けて、知的な面では、これから、めざましい進歩を期することができるだろう。ここに収録したうちのいくつかの小論稿は、一五歳くらいまでの少年たちが書いたものである。どの篇からもわかるように、西洋的な表現手法にきわめてよく慣れている。このことは、日本人が、われわれアングロサクソン民族のもつ特徴を素直に受け入れようとしていることを、はっきりと物語るものである。

かれら東洋の学生たちは、おおむね謹厳なふうをただよわせているが、時に、ふざけるのも好きなようで、楽しそうにあたりさわりのない冗談も口にする。ある学生は、私たちに送ってきた手紙の中で、今度アメリカへやって来た日本の女子留学生たちのことについてふれ、こんなふうにいっている。「私は、この同胞の女子諸君に代わって、皆さんに深甚の謝意を捧げます。と同時に、心からお願いしたいことがあります。それは、わが日本の妹たちに、西洋人女性によくみかけるような、亭主を尻に敷くといった流儀を決して教えてもらいたくない、ということです。太平洋の遠くむこうのわが方では、そんなばかげたことはあってはならないことだからです」。この学生は、法律の勉強のためにボストンへ赴いたのだが、手紙にはこんなことも書いている。「この地の新しい三人の日本人の友だちに、それぞれ家庭教師を見つけてやったり、下宿を探してあげたりすることができました。でも、私自身の落ち着き場所についてはまったくお手上げの状態です。うんざりしながらも、ビーコンストリートのしかるべき部屋に住みたいので、希望してきた人たちに、デモステネスだとかキケロなどといった学者たち、あるいはギリシア神話に出てくる理想郷などについて教えました。この騒々しいホテルを早く引き払って、新しいところへ落ち着きたいのですが、この断固たる私の期待も、事を進めるに当たって大きな障害に阻まれています。事の真実はお金にあり、それこそがすべてである、といったことがどうにも私には納得できないのです」。

別のある青年は、下宿の自分の部屋から無断で同宿の本好きの者に、愛読していた本を持ち去られ、宿のおかみさんに、こんな手紙を書いている。「この国では、他人の持ち物をだまってもっていってもいいことになっているのでしょうか。自分の部屋は自分の城だと思います。どうぞお願いです、私の知らないならわしがあったら教えてください」。

日本人学生たちの習慣や具体的な特徴については、ちょっとした説明でじゅうぶんであろう。派手ではないがきちんとした身なりをしており、アメリカの食べ物で満足し、一般に食べることや飲むことには大いに節度があり、余分のお金があれば、ほとんど書物を買うのに使う。すべては、精神の向上を願うゆえなのである。名誉を重んじ、また、ものごとを信じる念は篤く、気宇雄大、まことに評判どおりである。だから、ときによからぬ人間につけこまれたり、だまされたりもする。けっして派閥的な感情はなく、お互いに親切さと深い思いやりを以て交わり、かりに間違いを起こした仲間がいても、懲らしめるというよりは、むしろ許してやろうとする。仲間うちのあいだでも、未知の人に対するときでも、つねにみずから紳士たることを忘れない。かれらのほとんどの者はまったく若い——多くは二〇歳未満である——、体つきはきゃしゃなようだが、並以上の健康に恵まれている。この国にやってきた者のうち、ここで亡くなったのはたしか三人だけではないかと思う。いまこのことにふれると、私たちの想いは、深い悲しみとともに、ニュージャージー州ニューブランスイックの、ある地点に至る。亡くなった子どもたちはそこに葬られているのであり、これからも、この異境の地に倒れる日本の少年たちが、故国から遥か遠くに離れて、そこで永遠の眠りにつくのであろう。みまかった人びとの行跡は、このアメリカの空のもと、かれらの生前の友人たちやこの墓地に葬られたことを知っている人たちによって、いつまでも心あたたかく記憶されつづけていくことであろう。

第九章　新島襄と旅

新島については、これまで「信仰の人」とか「教育者」として捉えられることが多かった。その両方のイメージは、確かに新島の思想と人生の全体像を的確に表わしている。信仰も教育も、ともに彼が生涯を通じてかかわった主要な柱であったし、情熱と努力を傾けてその理想を実現しようとした目標そのものでもあった。だが、彼の考えや人生の行動の軌跡などを振り返ってみると、そうした信仰とか教育といったものを支え貫く、もう一つの基本的な特徴が浮かび上がってくるように思われる。それは旅であり、「旅の人」としてのあり方である。

新島を「旅」から考えるということは、単に、彼が海外に留学をしたり、アメリカ、ヨーロッパのあちこちを旅行したり、あるいはまた日本の各地をさかんに旅して回ったり、といったことからだけではない。むろんそうしたこともあるが、もっと広げて考えると、彼の生涯の全体が、道を求め、道を説き、道をたどった、という意味で、道に生きた一人の活発で意欲的な旅人だったように見られるからである。その道は、あるときは学習の旅であり、そしてまたキリスト教の伝道、布教の旅であり、あるいは教育の旅でもあった。

旅あるいは旅人さらには道といったことについて、新島自身はどのように語っているのか。しばらくその点について見ておきたい。まず、アメリカ留学中の一八六六（慶応二）年に、ある友人から贈られた聖書の扉に、自らこう書いている。「此道や冥途の旅の導燈可南〔あかりかな〕」、そして、「此道」については、注の形で「須臾〔しゅゆ、少しの間〕不可離乃道〔はなるべからざるの道〕なり」と記している(1)。

アメリカに着いて、留学の生活に入ってまもなくから、すでにキリスト教を信仰し始め、それを、このの ち生涯にわたっての自らの導きの光として確信したのである。「道」を学び、それを伝えることに、生涯の使命を見出し自覚したことについては、たとえば、東京にいる友人に宛てた手紙にも、はっきりと書かれている。「小生頗る独一真神の至大至妙の真理、寛大至仁の耶蘇福音を攻め〔修め〕候間、何れ小生帰国の上は、此道を有志の子弟へ伝へ、国を愛し民を憐み、独〔ひとり〕を慎むを教へ」たいと、その決意を語っている。（一八七一〈明治四〉年、アンドーバー神学校在学中、飯田逸之助宛）(2)。ここに、キリスト教への傾倒ぶりが察せられるし、また、「道」の内容として、「国を愛し民を憐み、独を慎む」と表現している点が注目される。すなわち、彼のキリスト教信仰において、愛国心つまり国家への貢献という意識がしっかりとその根底にあったのである。

さて、その「道」を伝えようとすることは、同時に、「道」をたどる旅となり、また、自ら旅人になることを意味する。実際、彼は、日本に帰ってからの伝道と説教の折り、たとえば、一八八二(明治一五)年一二月、京都での時には、パウロの生き方について触れて、「単身娶ラス、己ノ身ヲキリストト共ニ十字架ニツケ、何ノ安逸ヲ求メス生涯走リテ送シモノノ如シ」、と語っている。この、生涯走って送ったような、という表現は、まさに目標を目指して一途な旅をたどったパウロの姿を如実に示しているものであろう。そしてまた、新島は、日本の旅の僧、西行法師にも言を及ぼして、「世ノハカナキニ感シ遂ニ妻子ヲ打捨テ一生涯行脚ノ僧トナリタルヨシ」と説明している。パウロと同じような、生涯を旅に生きた人間に対する新島の心底からの熱い思いが、ここから伝わってくる。さらに転じては、孔子をも引き合いに出している。こんな内容である。「孔子カ川上ニ立チ水ノ流ルルヲ見テ曰ワルル〔ニ〕往クモノハ如斯カ、昼夜ヲ捨テズ、我等天路ノ旅ヲ為スモノモ如此水ノ如クアリタシ」(3)。実際、孔子は当時の中国の各地を渡り歩き諸侯に政治の道を説いた、遍歴の知識人であった。新島にとっては、若い頃から親しんだ儒学の教養のなかでの孔子の存在は大きかっただろうし、道を説いて廻るその生き方に自分を重ね合わせて共感するところも強かったに違いない。

旅を水の流れのようなものとして考えた孔子、そして、そのような孔子に注目した新島自身、共通するところは、『方丈記』で鴨長明が「行く河の流れは絶えずして、しかも、もとの水にあらず。よどみに浮かぶうたかたは、かつ消え、かつ結びて、久しくとどまりたる例（ためし）なし」と書いたような、無常観ではないが、「とらわれのなさ」つまり、既成の枠組みや旧来からの慣習的なあり方、考え方にとらわれることなく、自ら信じた道を行くという信念の強さがあったと思われる。そのような、とらわれからの離脱を求めて道を行こうとする精神は、立場は違うが、佛教とくに禅でいう行雲流水とか、あるいは、孔子の儒教とは世界観を異にする老荘において、無為の自然の尊重を、象徴的に「水」で表わし「上善如水」とするたぐいの、「水」のしなやかさと自らを積極的には主張することはないにもかかわらず、むしろ相手に同じながら自らを表現する強さ、ということへの共感もあったのではないか。

たいへん興味深いことに、新島自身が、自らを「旅人」と表現してもいる。かれは一八八四（明治一七）年の四月に第二回目の欧米旅行に出かけた、その秋九月、スイスにいるとき、日本を発ってからすでにもう約半年近くになっているのに、国許からの何の音信も無かったようで、その寂しい思いを、日記にこんなふうに書いている。「数千里ノ外国モ隣ノ如ク思ウ予モ、又如何ナル事ニモ堪ヘ忍ビテ来リタルシンボー強キ予モ、斯ク久シク家郷〔かきょう、故郷〕ノ信〔便り〕ニ逢ハザリシハ甚ダ閉口シタリ」「汝等身ニ覚にて、〔ママ、以下同じくひらがな交じり〕長き旅人の心ヲ察セヨ　聖書ニある如ク旅人、又旅人の如き人ヲ大切ニセヨ」(4)。これは素直な寂しさの吐露であり、音沙汰をしてこない故国の親しい人びとへの直截的な不満の表現でもあって、ごく普通の人間としての感情の現われとして、新島の人間味があふれていると言える。わざわざ聖書まで引いているのも彼らしいところであろう。実際、聖書（とくに旧約）には旅人（あるいは旅客、他国の人）を愛すべきこととか（「汝ら旅客を愛すべし其は汝らもエジプトの国に旅客たりし事あればなり」、申命記、第一〇章一九）、困らせたり虐げてはならないと戒めている（たとえば、「汝他国の人を悩ますべからず又これを虐ぐべからず汝らもエジプトの国にをる時は他国の人たりしなり」、出エジプト記、第二二章二〇）。また、たとえば、「全世界を巡りて凡ての造られしものに福音を宣〔のべ〕伝えよ」（新約聖書、マルコ伝福音書、第一六章一五）とするような旅の勧めもある。

　さて、旅には、第三章でも触れたように、探究性という特徴がある。何ごとかを求めようとすること、すなわち、新しいもの、自らに無いもの、異なるものなどを求めての探究への出発は、好奇心からのときもあろうし使命感からの場合もあろう。次に途上性である。つまり、旅する者は、ある目的地なり目標を目指しての道中や過程の中にあるということ、言い換えれば、いまだ現在進行形のプロセスの内にあるということである。向かう目標にはいまだ達していない、あるいは究めていないとする意識や未完成の認識があるから、そこに慎みの心も生まれ、また探究への意欲やエネルギーも湧いてくる。そして、旅には、個別性なり自主性ということがある。個人であれ集団であれ、旅はあくまで個別的体験である。たとえ集団の旅行であっても、さまざまな見聞や経験は、本来的に各個人それぞれによって異なるものである。物理的に同じ道を通り似たような体験をしたにしても、心理的にはあくまで各人個々の違いがあり、旅に思うことは帰するところ、個人の主体的、個別的な営みにほかならない。その意味では、旅は本来的に自立的なものと言える。

新島襄という人物の思想と行動の跡を、今述べたこの三つの点から振り返ってみたい。まず、探究性ということに関しては、なによりも、彼の日本脱出そのものに如実であろう。すなわち、国家への貢献という志、そして真なるものを究めようとする願いによって、その脱出が企図され敢行されたのであった。「我輩不肖と雖も、切に国家の不振を憂へ、万分の力を竭〔つく〕さんと決し、少年の狂気、牽制〔けんせい、引き留め抑えること〕し難く、断然万里の外に跋渉し〔広く歩き回り〕、国禁を犯し主君をすて、長く父母をして憂苦に沈ましめる事、法外至極、万方謝し難く候。然し此挙……〔中略〕……全く幽暗を照らす真光の為め、且つ国家万民栄華の為なる故、些細の義理の為めに挽回〔撤回して取りやめること〕し難し」(5)。

これは、新島がアメリカから江戸にいる弟に宛てて一八六七（慶応三）年三月に出した手紙である。これよりちょうど一年前に、アメリカから初めて出した父への手紙にも、同じ内容のことが書かれていた。また、日本に帰ってからも、新島は、たびたび脱出、渡米の理由について、繰り返し同じことを語っている。「些細の義理」を振り切って、と彼は言っているが、それは決して「些細」ではなく、「主君」や父母、兄弟たちとの別れには悲壮な思いがあったことは、「法外至極、万方謝し難く候」という表現にも窺われる。実際、函館から脱出した時には、「如何にせんあゝいかにせんいかにせん父母のなげきを如何にとやせん」と、親に対するせつないまでの思いを歌に詠んでいる（6）。

アメリカに着いてから日本に向けて出した第一信は、先に述べたように、父宛のものであったが、そこには、一身の苦難を省みず、国のために尽くそうとした幕末海外留学生の覚悟と断行に至る精神の状況がにじみ出ている。彼は言う、函館へ英学の修行に出かけたこと自体が「少子儀、不肖と雖も、国家（に）一分〔ぶん〕の力」を尽くそうとしたためであったこと、しかし評判とは異なり就くべき適当な人物もいなかったので、ついに外国行きを決意した。「少年の狂気、業若し成らざれば死すとも帰らじと決心仕り、生命に拘り候わん国禁をも恐れず、及び義すて難き主君を棄て、情わかれ難き親族をも願みず」、と出発の時の気持ちを説明している。続けて、母国を脱出したことについて、「長く挙族をして悲哀に沈ましめん事、多罪の至り万方謝し難く候。然し、少子窃に謂ふ。此挙敢て君父を損〔すつ、棄てる〕るに非ず。且つ飲食栄華のためにあらず。全く国家の為に寸力を竭〔つく〕さんと存じ、中心燃るが如く遂に此挙に及び候」と書いている。先の弟宛の手紙ともども、「私」の情を抑えて国家、「公」のためにという意気込みがよく伝わってくる。彼の家族思いの気持ちはたいへん強かった。父を初めとする兄弟たちへの手紙には、両親を気遣い、弟を励まし、女きょうだいたちの身の上に心を配っている。さまざまな点にわたる養生、たとえば寒くてもコタツに入ってばかりいないでなるべく外に出て散歩もすること、塩辛く消化に良くない漬物などはやめてたまには肉も食べること、熱い風呂は体に良くないこと、下着の洗濯はこまめにするようにといったことなど、自分のアメリカでの生活の日常を踏まえての、実に心細やかでしかも真情あふれたさまざまな注意を書き送っている。彼は、もともと強い家族愛をもっていたのであり、そうした家族への愛情を断ち切って母国からの離脱を決行したのであった(7)。

そのような私情を乗り越えてでも、敢行しようとした海外渡航は、なによりもまさに国家のためという公の意識に発するものであった。まさしくそれは、一身の犠牲をも省みずあくまで公の義のために奉仕しようとする、サムライ精神の現われにほかならない。サムライ新島襄の片鱗の如何なき発揮というべきであろう。

このような自らの体験があった故か、彼は、アメリカ人が、やはり「私」を超えて「公」のために尽くすために、積極的に海外へ赴くことに対しても、共感の念を語っている。「米国人教育ニ熱心ナリ、只ニ本国ニ止マラス全世界ニ及ホス（女教師ノ単身数千里ノ外ニ出ツ）人情父母ノ国ヲ去ルヲ好ムモノアラン、又此世ノ安逸ヲ求メサルモノアランヤ　世界ニ尽スノ義務アル也」と(8)。国境を越えて世界に尽くすことを「義務」として、やはりここでも私情を抑えてそれを果たそうとする意気込みに対する、新島の賛同の思いがある。

岩倉使節団がアメリカからヨーロッパへ廻るとき、新島も、調査翻訳の業務を命じられ文部理事官田中不二麿に帯同して、広く各地を視察した。アメリカ留学中も盛んに旅に出ているし、また、このヨーロッパ旅行でも、さまざまな経験を積み、教育の情報もたっぷりと仕入れることができたのである。これら欧米における旅は、新島にとって、まさに西洋教育の発見の旅であった。事実、彼が、教育こそ文明の基である、という確信を抱いたのも、各国、各地方への遊歴を通してであった。自らも「予ハ多年米国ニアリ、又欧州ヲ遊覧シテ、尤羨キ〔うらやましき〕ハ諸国ノ大学設置ノコトナリ」と書いている。帰国後における彼のライフワークとしての大学設立への信念の背景の一つに、こうした旅の見聞があったことが注目される。米欧の旅から教育に志を向けたことについては、彼自身の回顧がはっきりと語っている。少し長いが、大事なところなので、引いておきたい。

「学業ノ余暇〔に〕山河ヲ〔の〕跋渉ヲ以テ事トシ、風土人情ニ暁通ストシ、至ル所大小ノ学校、博物館、書籍館、其他盲唖院、幼院、懲育院、百工技芸ノ講習所、百種物産ノ製造場等ヲ巡視シ、且著名ノ人物ニ面接シ其ノ高論ヲ聞クヲ得テ少シク暁ル所アリ、北米文化ノ関スル所ハ教育ノ其ノ宜キヲ得タルニヨルヲ了知シ、身ノ劣才浅学ヲモ不顧、他日帰朝セハ必ラス少年陶冶ヲ以テ己ノ責任トセン事ヲ企タテタリキ〔中略、岩倉一行ノ来米の時〕同公ニ従テ北米中最モ著名ナル大小ノ学校ヲ巡視シ、遂ニ欧州ニ赴キ蘇〔スコットランド〕、英、仏、スウイツルラント〔スイス〕、和蘭〔オランダ〕、デンマルク、独乙〔ドイツ〕、魯斯亜〔ロシア〕等ノ諸国ヲ経歴シ、教育ニ関スル一切ノ要件ヲ探索シ、〔中略〕其ノ至レリ尽セルヲ視、歎讃〔賛嘆、……中略〕止マス、弥〔いよいよ〕教育ノ文化進歩ニ大関係アルヲ推窮シ、益〔ますます〕素志ヲ固」めた。そして、帰国後は何回となく官途に就くことを勧められたが、すべて辞し、再度アメリカへ留学して帰った後、「一ノ私立大学ヲ設立シ、万一ヲ我邦家ニ竭〔つく〕サンコトヲ望ンダ」（「同志社学校設立ノ由来」、『新島襄全集』、第一巻、三三頁）と書いている。

まさに、旅からの教育の発見であったし、大学設立を国のためとしながら、それを終生の自らの課題としたのであった。彼の思想と行動における旅のもつ意味の大きさがわかる。

未知なるものに向けての探究、あふれる好奇心につき動かされての挑戦こそ人を旅へ駆り立てるエネルギーとなる。新島の場合、日本脱出とアメリカ渡航がまさにそれに当たる。しかも、彼が「旅の人」と言えるのは、日本から出発する前、在米中、帰国後のいずれの段階にも、「物理的な旅」と「精神的な旅」の両方にわたる旅がはっきりと窺われるからである。

出発前の旅としては、先に触れたように、英学修行のために函館に出かけニコライに学んだことが、実際に場所を移動しての「物理的な旅」と言えるが、そのほかに書物を読んで未知なるものとの出会いとか、心の遍歴と探究という意味での「精神的な旅」と見られるものもある。たとえば、江戸の海軍伝習所に学んでいた時に漢訳の聖書を読んで「精神上に一大変化」を来したり、また、中国で布教に携わったアメリカ人宣教師ブリッジマンが中国語で書いたアメリカの歴史と社会・文化の概説書である『連邦志略』を読んで異文化の国アメリカを知り、その繁栄と活力の源に思いを寄せたり、さらには、日本にいたときも渡米後も、好んで『ロビンソン・クルーソー』を愛読したという。その物語における自助、自立、敢為などの精神に深く惹かれたことはもちろん、「彼が千辛万苦の中にありて尚能く至上の天帝に事〔つか〕へたる事」に感動し、そうした精神を支えた信仰の篤さに感じ入っていた(9)。

そのほか、彼の旅は、アメリカ滞在中の一八六八年に約一〇〇〇キロの徒歩旅行を行なったこととか、帰国後の伝道の旅、あるいは、大学設立のための募金の旅(一八八八〈明治二一〉年四月〜二二年一二月)、第二回目の欧米外遊(一八九四〈明治一七〉年四月〜九五〈一八〉年一二月)、大学設立のための募金の旅(一八八八〈明治二一〉年四月〜八九〈二二〉年一二月)など、さまざまにわたった(10)。もともと、彼は、アメリカに留学中の旅や先に触れたヨーロッパ旅行などを通して、西洋文明の根源が教育にあることを認識し、教育の大事さを確信するに至ったのであった。その点は、先述の「同志社学校設立ノ由来」など多くの文章で、繰り返し語られているところである(11)。

次に、旅の第二の性格としての途上性ということ、すなわちいまだはるか彼方の目標に至っていないことの自覚、そこから、人間としての不完全さや限界の認識という点である。謙虚さや慎みの心もここから生まれてくるものであろう。先に引いた母国東京にいる友人(飯田逸之助)に宛てた手紙にあったように、帰国後は「独を慎む」ことを教えたいと抱負を述べていたが、これなども、キリスト教における神への信仰の「道」をたどり進む果てしない遠い道のりにあっての人間の途上性、未完成の自覚の表現でもあろう。

一八八一(明治一四)年一一月、京都での説教において、新島は次のように述べている。「神ハ人ヲシテ此世ニ望ヲ失ワシメ、他ノ最モ優レル世界ニ赴カシメントノ趣意ナルベケレバ〔中略〕人ニシテ……神ノ御意ヲ知リ、天国ニ赴クコトコソ〔大事である〕。然シテ此天国ニ至ラシムルニ各々用意ヲ為スコトヲ与エタリ」(12)。

天国への道を歩む、その道中の「用意」(徳義)は終極への用意であり、プロセスである。あくまでその終極を目指して行くべきものであることを説くのである。この、いまだ道は半ばである、とする思いは、人間一般についても言えることであるし、さらには、同志社自体にも当てはまる。同志社を船の運航に譬えて、それがいまだ道中にあることを語っている。一八八五(明治一八)年、一二月、創立一〇周年記念の折の演説で、校長新島は、これまでの一〇年を振り返り、こう述べている。「真ニ困難ノ中ニ一意ニ神ニ任セ此進歩ヲナシタリ。而シテ今日十年期〔ご〕ニ於テモ決シテ喜フ可キ時ニ非ス、未タ其港ニ達セサル者也、今日巳(すで)ニ、見ル結果ハ未タ全キ者ニアラスシテ、数百年ノ後ニ非ザレバ真ニ喜フ可キ時、真ノ果ヲ見ル可キニハ至レサル也、然レトモ我同志社ハ此進路ヲ決シテ代ヘサル也」(13)。これは、道半ばにおいて小成に安んじることなく、「数百年ノ後」つまりは永遠のはるか彼方の目標に向けて、たゆみなく努力を続けていこうとする不撓の志の宣明であろう。

道半ばであるという自覚は、いまだ目標には到達していないとする認識であり、自己反省でもある。そこに、先に言ったような、慎みや謙虚さも生まれる。だから、この演説には、すでに触れた「独を慎む」ことを理想とした新島の思いが、よくにじみ出ていると見ることができる。この、きびしく自己を内省するという彼の性格なり信条は、一八八〇(明治一三)年に生徒たちが登校を拒否した事件の時に、自らの手を鞭で打って、自分自身を戒めたという有名な出来事にも現れていよう。生徒を罰するのではなく教師である自らを罰した形のこの行ないには、おそらく、かつてアメリカで見聞したことの影響もあったのではないか。というのは、これより七年経った一八八七（明治二〇）年の大阪での説教の折り、アメリカの学校の教師が生徒を罰する時、やはり同じように、自分の手を打った話をしているからである。その「学校ノ教員ハ、生徒ノ受クヘキ罰ヲ自ラ受ケ遂ニ生徒ノ心ヲ改ム、而テ生徒ハ最モ教員ヲ愛シ信スルニ至レリ」と言っている(14)。意識的にか無意識的にか、アメリカでのこの知的体験があって、先の自罰の鞭ということになったのであろう。そうではあったにしても、彼が本来的に、自らを慎む人であったが故にこそ、それは心底からの思いによる行為だったものと思われる。

教師としての慎みというものは、教える側にある自分と、教えを受ける側の生徒とのあいだに、絶対の権威や越えられない隔絶があるわけではない、とする自覚なり自戒をつねに抱き続けることにあるのであろう。新島は生徒たちに対して、「新島先生」より「新島さん」と呼ばれたいと言っていたようだが、この「さん」づけを好んだことなどは、些事のようだが、はしなくも、彼の教師として、あるいは人間としての謙虚さを如実に物語っているものと言える。生徒に対して尊大に構え、ひたすら自分に従属すべきことを求める教師ではなく、道を究めるにあたって、自分も生徒もともに進むべき仲間、同志でありたい、とする自覚と願いがあったためでもあろう。

これは、教育における「権威」ということを考える上でたいへん大事な問題である。教師に権威無くして教育は成り立たない。しかしその権威とは、決して「絶対」を振りかざして力を発揮するようなものではなく、真理を求めての道における「同行」としての、いささか先に進む者とそれに続く者との関係における仲間意識を基本とした尊敬の念であろう。その尊敬の念は、先に進む者自身が、その道を進む意欲をしっかりもって自らも道を究める努力をしていることから生まれるものである。

このことについては、多少、新島からそれるけれども、第四章でも触れたが、江戸時代の本居宣長や同じ時代の漢学者ですぐれたリアリストであった三浦梅園らが、弟子に対して、尊大に構えることを否定して、むしろ師である自分を越えて「道」に向けて進んでいってくれることを期待したのと同じように、新島もまた、そうした教育者としてのあり方を願い理想としたものと思われる。

最後に、旅の第三の特徴である個別性ないしは自立性という点である。初めのところでも触れたように、旅する人間は本来、個別的であり、自ら旅立ちを決意し旅を続けるという限りにおいて、それは自立的なものである。別の言葉に換えれば、自主性と言っていい。強制されたり、嫌々ながら連れて行かれるという旅ももちろんあるが、いまここでは、そうした他律的な形の旅ではなく、あくまで自発的な旅をテーマとしている。さてそこで、新島の場合における旅を自主性ないし自立性という観点から見ると、まさに、彼の一貫した「道」の探究の旅における目的そのものが、この自立を求めることにあった、と言えるだろう。

その自立への願いは、英学修行、海外留学、米欧旅行などを通じての人間としての自立、すなわち個人の問題であったとともに、さらに進んでは、彼の終生の目標であったキリスト教学校の設立からやがては同志社「大学」の実現の意図にも、日本の教育、学問において民間、私学の自立が何よりも大事であること、それはさらに、より大きくは根本的な課題として、日本の自立そのものの実現、という点に及ぶものであった。

個人であれ、学校であれ、国家であれ、自立、自主独立がいかに大事なものであるか、ということが新島の信念の核心にあったように思われる。このことについて、彼は何回かの演説や大学設立の趣意書などでたびたび述べている。それらの中で、いま、「同志社大学設立の旨意」（一八八八〈明治二一〉年一一月）という文章を見てみる（15）。

これは、国会開設を前にして、大学の設立を企図し、発起人として書いたものである。そこにおける主たる論点は、なぜ私立の学校か、ということである。もとより彼とても、政府が設ける学校を否定するものではない。国家による多額の資金の投入により、教育、研究の条件や環境を充分に整えることのできる官立の大学が「実に有益」であることを評価している。しかし、だからといって、すべての教育を政府が行なって良いとは言えず、私立の学校は民間の学校として価値をもつ、と新島は主張する。なぜか。国民が自分の子弟の教育をするのは「国民の義務」であるだけでなく、自ら経営することの利点が多い、と言う。すなわち、その方が「懇切に、廉価に、活発に、周到に行き届くは、我れ自から我事を為す原則」だとする。ここには、自主、自営の原理への強い信念がある。

私立の学校は、そうした懇切で、しかも安く、活発で行き届いた教育を提供しうるという長所のほかに、もっと大きな利点があるとして、彼が強調するのが、「自立の人間」の育成ということである。すなわち、「其生徒の独自一己の気象を発揮し、自治自立の人民を養成するに至っては、是れ私立大学の特性長所」であるとする。彼が言いたいのは、そのように、本来、国民は自らの教育を自らがなすべきなのにもかかわらず、政府や官に頼ろうとする依頼心があってはならない、ということである。教育という「此一大事業を国民が無頓着にも、無気力にも、唯政府の手にのみ任せ置くは、依頼心の最も甚だしき者にして、吾人が実に浩嘆止む能はざる所なり」と記している。

このような彼の嘆きは、単に教育、学校、大学といった問題だけにとどまるものではなく、広くは、あるいは深くは、日本の文明のあり方そのものへの反省ともかかわることでもあった。つまり、維新以来、西洋文明の摂取、導入は盛んに進められた。しかしそれは、衣食住、鉄道、蒸気船などの「物質上の文明」、さらには法律、制度、文学科学の思想などの「理論上の文明」等だけであり、そうした西洋の進んだ「文明の由つて来る大本大体」そのものを取り入れるものではなかった。では、その「大本大体」とは何か。彼の表現では、「独自一個の見識を備へ、仰いで天に愧〔はじ〕ず、俯〔ふ〕して地に愧じず、自から自己の手腕を労して、自個の運命を作為するが如き人物を養成する」ことである、と言う。ここに明確に、自立、自主の人間形成への強い信念の表明がある。

この信念は、個人の自立によって国家も初めて自立し、近代的な国家になりうる、という考えと結びつく。新島の思想の根底には、つねに国家の富強、繁栄、発展を願う強い国家意識が確乎として存在していた。日本脱出の際も、在外中も、そして帰国後も、彼の中で、国家はきわめて大きな位置を占めていたと言える。そして、その国家イメージは、政府や官の側だけが力を集中的にもつのではなく、民の側がもつこと、すなわち国民が自立、自治の力をもつことこそ基本、とするものであった。先の「旨意」にも、「一国を維持するは、決して二三英雄の力に非す、実に一国を組織する教育にあり、知識あり、品行ある人民の力に拠らざる可からず、是等の人民ハ〔ママ〕一国の良心とも謂う可き人々なり」とし、こうした「自から立ち、自ら治むる」国民がいてこそ「立憲政体」も成り立つ、と見た。

すでに明らかなように、彼の国家観は、政府と国民、官と民の対立ではなく、あくまで、両者は互いに相補、協力の関係にある、するものだった。たとえば、明治一九年の「看病婦学校設立の精神」という草稿にも、政府が着手しなければならない事業もあれば、逆に「全ク人民ニ任スル事カ上策」のものもある。だから、政府と国民が「御互ニ此文明ノ重荷ヲ分担スヘキモノ」であり、国民が「応分ノ力ヲ尽ス」のは義務でもある、とし、国の進歩、発展のためには政府だけで何もかもやるのではなく、国民とのあいだで、「各其ノ長スル所ニ、好ム所ニ随ヒ分業」をすべきだと言っている。いわば国権と民権の協力、調和論である。実際、ある文章では「民権家、官民隔絶」と断言し(16)、また、別のところでは「我輩ハ敢而〔あえて〕政府ニ抗スルモノニアラス常ニ国ニ良民タラン事ヲ求ム」と書いており、官民協和の立場を明らかにしている(17)。この点では福沢諭吉の国家観に似ていると言えよう。そうした立場から、官の学校に対して民間、私立の学校の設立を行ない、教育における中央への偏りに対しての地方の教育の充実、発展を望んだのであった(18)。

国民の自立によって初めて国家も自立しうる、とするこの自立の観念は、学問や学校の対外的な自立への主張ともなる。すでに明治一一年に、同志社の経営についての政府に対する弁明の中で、彼は、学校の設立に当たって確かにアメリカ人たちからの援助はあったが、あくまで日本の同志社であると強調し、「同志社ハ決テ米国人ノ同志社ニ非シテ即チ日本帝国内ノ同志社」であると表明している。これから一〇年後の明治二一年、大学の設立に当たって、やはり同じことを繰り返している。「私が今日私立大学を設立せんとする所以のものは、一方から申せば、我が愛する日本国を外人の手に渡したくないと思ふからである。それは即ち真に生命あり、活気あり、真理を愛し、徳義を重んじ、主義を貫き、面して其の身命を擲つて〔なげうって〕日本国の為に働くところの、政治家、実業家、宗教家、教育家を養成しなければならぬ」とその意図を語っているのである(19)。

国家への貢献の志、愛国心とキリスト教精神は、新島の場合、決して矛盾したり対立するのではなく、両立、結合するものであった。「愛国ノ精神ト基督ノ愛ト、何ノ齟齬スル所アルヤ　愛国ノ心ヲ抱カハ先基督ノ愛ト力トヲ愛（ス）ヘシ、然ラハ一層国ヲ愛シ得ルベシ」と語り(20)、学生に対して「主基督（ノ）為メ、又我国家ノ為ニ御尽力アラン事ヲ日夜祈リ居レリ」と第二回の外遊記の中でも書いている(21)。

彼の国家意識は、基本的に、キリスト教と結びつき、しかもその意識を支えていたのは、究極的には、勇と義に生きるサムライ精神であった。その勇の説明として、「我ヲ殺シテ他人ヲ助ケテ仁ヲ為」した佐倉宗五郎を、万人を救うために磔になったキリストの「仁勇」に擬したり、義について「楠公」楠木正成を例に引いて説いたり[22]、といったところにも、その精神の現われの一端を窺うことができよう。それは、彼の初めての旅、日本脱出の際からすでにはっきりとしており、旅立ちに読んだ歌「武士〔もののふ〕の思ひ立田の山紅葉　にしき衣〔き〕づしてなど帰るべき」にも[23]、サムライとしての自覚があったことがわかる。若者らしいいささかの気負いもあるが、錦を着て帰るという決意は、すでに繰り返し触れてきたように、決して個人としての立身や栄耀のためでないことはもちろんであり、帰するところは、国家、公のためへの貢献の念であった。「大和魂ノ盛ナル等ハ殊ニ日本武士中多ク」その「志操ナリ気象ナリ廉恥ノ風ナリ愛国心」が歴史的に伝えられてきたのであったが、「武士」の存在が無くなって以来、そうした気風とくに「廉恥ノ風」が地に落ちてしまった、だからこれからは「真正ノ教育」を行ない、それを再び興さなければならない、とする[24]。

以上にわたって、新島襄の思想と人生の軌跡を、旅という側面から見てみようとした。すでに述べてきたことからも明らかなように、彼は、あふれるような好奇心と国家の富強、発展のために、キリスト教の信仰とサムライ精神を以て、自らの使命を確信しその実現のために尽力した。彼の数多くの旅日記、紀行を見ても、各地の風俗、物産その他の地誌的な関心の旺盛さが窺われる。そうした探究への熱意と止まることを知らない前進へのエネルギーの発揮は、まさに「とらわれること」から離脱して、新たなもの、確かなものを追求しようとすることにおいて、彼が真に「旅の人」であったことをものがたるものであろう。

注

第一章

（1）M・ウルセル著、小林忠秀訳『比較哲学』、宝蔵館、一九九七年、一七、一三六〜八頁。
（2）矢野恒太記念会編『世界国勢図会』、二〇〇四／五年版、同会、二〇〇四年、世界の識字率統計、四八二〜七頁。

第二章

（1）W・カッテンディーケ著、水田信利訳『長崎海軍伝習所の日々』、東洋文庫26、平凡社、一九六四年、二〇二頁。
（2）R・オールコック著、山口光朔訳『大君の都』、下、岩波文庫、岩波書店、一九六二年、二二六頁。
（3）『舊新約聖書』、日本聖書協会、一九七五年、舊約二二一〜二、新約五〇九頁。
（4）拙著『教育博物館と明治の子ども』、福村出版、一九八六年、六五〜七頁。
（5）拙著『教育の比較文化誌』、玉川大学出版部、一九九五年、三八〜四四頁。

(6)『京都府百年の資料　教育論』、京都府立総合資料館、一九七二年、六〜七頁。
(7) 拙著『西洋教育の発見』、福村出版、一九八五年、二一七〜八頁。
(8) 本多利明著「西域物語」、寛政一〇(一七九八)年、日本思想大系44、『本多利明・海保青陵』、岩波書店、一九七〇年、一一八頁。
(9) 高谷道男編訳『ヘボン書簡集』、岩波書店、一九五九年、二七四頁。

第三章

(1) 懐徳堂友の会編『道と巡礼』、和泉書院、一九九三年、八七頁。
(2) N・オーラー著、藤代幸一訳『中世の旅』、法政大学出版局、一九八九年、一二四頁。
(3) ウド・トゥウォルシュカ著、種村季弘訳『遍歴――約束の土地を求めて――』、青土社、一九九六年、二二五〜六、一四三頁。
(4) モンテーニュ著、松浪信三郎訳『随想録』、河出書房、上巻、昭和四一年、一三一〜六頁。
(5) なお、この西洋の教育史における教育上の移動・旅の問題については、本書の第七章でも取り上げるが、拙著『国際化への教育』(ミネルヴァ書房、昭和四九年)でもかつて述べたことがある。
(6) ルソー著、今野一雄訳『エミール(下)』、岩波文庫、一九六五年、二二二〜四、二五三頁。
(7) ゲーテ著、相良守峯訳『イタリア紀行(上)』、岩波文庫、一九六〇年、五頁。
(8) グローブ・トロッターズの日本への波及については拙著『教育博物館と明治の子ども』(福村出版、一九八六年)で、若干、述べた。

（9）深井甚三著『江戸の旅人たち』、吉川弘文館、一九九七年、二二～三頁。
（10）浅井了意著『東海道名所記』、東洋文庫版、平凡社、1、一九七九年、三頁。
（11）菱屋平七「筑紫紀行」、『日本庶民生活資料集成』、三一書房、第二〇巻、一九七二年、一七九頁。
（12）八隈蘆庵著『旅行用心集』、八坂書房版、昭和四七年、三頁。
（13）恒藤俊輔著『幕末の私塾　蔵春園』、葦書房、一九九二年。
（14）拙著『教育の比較文化誌』（玉川大学出版部、平成七年）でも、若干、取り上げた。
（15）橘南谿『東西遊記』、前掲、『日本庶民生活資料集成』、三九頁。
（16）同右、一三〇頁。
（17）同、一五二頁。
（18）桃節山「西遊日記」、前掲、『日本庶民生活資料集成』、六五一～三、六八三頁。
（19）N・オーラー、前掲、『中世の旅』、四頁。
（20）小林珍雄編『キリスト教百科事典』、エンデル書店、一九八九年、一〇九八頁。
（21）バジル・ヒューム著、巽豊彦他訳『旅する神の民』、中央出版社、一九八五年、六三頁。
（22）ウド・トゥウォルシュカ、前掲、二三頁。

第四章

（1）『英語語源辞典』、研究社、一九九七年、江河徹編『旅するイギリス小説』、ミネルヴァ書房、二〇〇〇年、一～二頁、*The Shorter Oxford Dictionary on Historical Plinciple*,3rd ed.,Oxford,1944.

(2)白川静著『字訓』、平凡社、一九九五年、「たび」の項。
(3)澤瀉久孝著『萬葉集新釋』、下巻、星野書店、一九三四年、一六五頁。
(4)今泉忠義訳註　『徒然草』、角川日本古典文庫、一九五二年、平成四年。
(5)第五章参照。
(6)吉川幸次郎ほか校注、岩波、日本思想大系40、『本居宣長集』、一九七八年、一三〇〜三頁。
(7)三浦梅園「多賀墨郷君にこたふる書」、一七七七(安永六)年、「価原」、一七七三(同二)年、三枝博音編『三浦梅園集』、岩波文庫、一九五三年、一〇〜一六、二九〜三〇頁。
(8)多田英次訳『教養と無秩序』、岩波文庫、一九六五年、初版、一九四六年、一六頁。
(9)九鬼周造著『「いき」の構造』、岩波文庫、一九三〇年、一七、二一〜九、一〇六頁。
(10)拙稿「今後の人間教育と教育学のあり方――佛教から学ぶもの――」、『仏教と教育学』、国書刊行会、近刊。
(11)福永光司著『老子』、朝日選書、朝日新聞社、一九九七年、八八、一五一、二〇五頁。
(12)同右、二〇六〜七頁。
(13)金谷治著『老子』、講談社学術文庫、講談社、一九九七年、二〇〇三年、九八頁。
(14)福永、前掲書、四三三頁。
(15)同、三五〇頁。
(16)参照した『老子』研究書は、以下の通り(発刊年の順)。武内義雄著『老子の研究』、改造社、一九二七年、大濱皓著『老子の哲学』、勁草書房、一九六二年、阿部吉雄ほか著『老子・荘子』、明治書院、一九六六年、山室三良著『老子』、明徳出版社、一九六七年、諸橋轍次著『老子の講義』、大修館書店、一九七三年、小川環樹著『老子・荘子』、世界の名著、中央公論社、一九七八年、加島祥造著『タオ――ヒア・ナウ』、PARCO、一九九二年、同著『タオ――老子』、筑摩書房、二〇〇〇年、奥平卓・大村益夫訳『老子・列子』、徳間書店、一九九六年、福永光司著、前掲、金谷治著、前掲、守屋洋著『「老子」の人間学』、プレジデント社、二〇〇二年、志賀一郎著『老子の新解釈』、大修館書店、二〇〇三年。

(17) 加賀祥造著『伊那谷の老子』、淡交社、一九九五年、一二三頁。

(18) 金谷氏は、これを、「大人物の完成には時間がかかる、といった不遇な人の励ましでない。むしろいつまでも完成しない、その未完のありかたにこそ、大器としての特色があるということ」だとしている。筆者もこの解釈にまったく同意する。前掲書、一三七頁。

(19) 茂手木元蔵訳『セネカ道徳書簡集――倫理の書簡集――(全)』、東海大学出版会、一九九二年、九八頁。

(20) 福永、前掲書、四一八頁。

第五章

(1) 東郷豊治著『良寛歌集』、創元社、一九七二年(初版は一九六三年)、一六頁。

(2) 同編著、『良寛全集』、上巻、東京創元社、昭和一九七五年(初版は一九五九年)、一三九～四〇頁。

(3) (1)に同じ。

(4) 小野武雄編著『江戸の風俗遊戯図誌』、展望社、一九八三年、二三六～四八頁。

(5)前掲、『良寛歌集』、二九〇頁。
(6)大島花束・原田勘平訳注『訳注良寛詩集』、ワイド版岩波文庫、一九九七年(初版は一九九三年)、七〇〜一頁。
(7)同右、五三頁。
(8)同、一一九頁。
(9)前掲、『良寛詩集』、一二三頁。
(10)同右、一〇頁。
(11)寺澤芳雄編『英語語源事典』、研究社、一九九七年。
(12)福永光司著『老子』、朝日選書、朝日新聞社、一九九七年、四五〇頁。
(13)同右、二五頁。
(14)奥平卓・大村益夫訳『老子・列子』、「中国の思想」6、徳間書店、一九九九年(初版は一九九六年)、二〇頁、奥平氏の解説による。
(15)小川環樹責任編集『老子　荘子』、「世界の思想」4、中央公論社、一九九八年(初版は一九七八年)。いま、前掲、福永、『老子』の読み方による、四二〜三頁。
(16)福永、同右、四三頁。
(17)同、二九六〜七頁。
なお、良寛の伝記的な資料は、主に、右掲の東郷『良寛全集』、大島・原田『訳注良寛詩集』などのほか、井本農一著『良寛』、上下巻、講談社学術文庫、一九九八年(初版は一九七八年)、講談社、谷川敏郎著『良寛　詩歌と書の世界』、二玄社、一九九六年などを参照した。

第六章

（1）田村芳郎編『法華経』、上巻、佛典講座7、大蔵出版、一九九五年、四七二頁。
（2）藤井教公編、同右、下巻、六七八頁。
（3）玉城康四郎著『正法眼蔵』、上巻、佛典講座37、大蔵出版、一九九三年、「佛性」、三四五頁。
（4）篠原寿雄著『正法眼蔵随聞記』、大東出版社、一九九四年（初版は一九八七年）、一二四頁。
（5）同右、一〇八頁。
（6）篠原寿雄著『学道用心集』、大東出版社、一九九〇年、一三三～九頁。
（7）前掲、『正法眼蔵』、下巻、五五七頁。
（8）同右、上巻、「有時」、二三四～二四五頁。
（9）同右。
（10）前掲、『法華経』、下巻、一〇六五頁。
（11）同右、上巻、一七六頁。
（12）前掲、『正法眼蔵』、上巻、一八二、二九七頁。
（13）鈴木大拙者『一禅者の思索』、講談社学術文庫、一九九九年（初版は一九四三年）、一〇～一、一八頁。

第七章

（1）*The International Education Quotations ENCYCLOPAEDIA*,K.A.Nobel,Open Univ. Press, Buckingham,

Philadelphia, 1995, p.309.
（２）松浪信三郎訳『随想録』、「世界の大思想」、上巻、河出書房、一九六六年、一三一、一三六頁。
（３）以下、神吉三郎訳『ベーコン随筆集』、岩波文庫、一九三五年、八九～九一頁による。
（４）*The Institution of a Young Nobelman*, 1607, reprint, Thoemes Press, England, 1994.
（５）ジョン・ミルトン著『教育論』、秋市元宏・黒田健二郎訳、未来社、一九八四年、二九～三〇頁。
（６）『世界図絵』（*Orbis Sensualim Pictus*, 一六五八年）、なお、訳出には、筆者が所蔵している、イギリスの Charles Hoole による英語とラテン語の対訳、一七七七年の第一二版を使った。
（７）ルソー著、今野一雄訳『エミール（下）』、岩波文庫、一九六五年、二一九～二二〇頁。
（８）『エミール（下）』、同右、二二一頁。
（９）同、一二四頁。
（10）同、二二二～三頁。
（11）同、二二三頁。
（12）コンドルセ著、渡辺誠訳『革命議会における教育計画』、岩波文庫、一九四九年、五三頁。

第九章

（１）『新島襄全集』、同編集委員会編、第二巻（一九八三年、同朋舎出版）にその文章と写真がある。なお、以下、この全集については『全集』と記す。
（２）その当時、新島は二九歳。かつて函館へ遊学した時に支援してくれたのが飯田であった。『新島襄書

簡集』、同志社編、一九五四、一九九一年、岩波文庫、(非売品)、七一頁。以下、『書簡集』と記す。
(3)『全集』、第一巻、九三頁。
(4)同右、第五巻、三三〇～一頁。
(5)『書簡集』、四四頁。
(6)元治元年六月四日、函館出発の日、『全集』、第五巻、七二頁。
(7)年月不詳、『全集』、第一巻、四二一頁。
(8)『書簡集』、五八頁。
(9)膳所藩士・黒田麹盧が訳した『漂荒記事』であろう。なお、同書については、『黒田麹盧と「漂荒記事」』(平田・松田編著、一九九〇年、京大学術出版会)がある。
(10)『全集』、第五巻、三二三頁。
(11)同右、第一巻、三三～四頁。
(12)同右、第二巻、五八頁。
(13)『全集』、第一巻、一〇七頁。
(14)同右、第二巻、二四九～五〇頁。
(15)『全集』、第一巻、一四〇～一頁。
(16)年月不詳、『全集』、第一巻、四三七頁。
(17)同、同右、四五四頁。なお、井上勝也氏は『国家と教育』(二〇〇〇年、晃洋書房)において、森有礼と新島との国家観、国づくりに対する考え方を比較し、森の場合、国家(政府)を第一とし、トップ・ダウン方式であったのに対し、新島は国民を第一とし、ボトム・アップを志向した、と見ている。確かに、新島が民の力の成長と充実こそ近代国家の基本と考えていたことは疑いない。

(18)同右、九〜一〇頁。
(19)森中章光著『新島襄片鱗集』、丁字屋書店、一九五〇年、三六頁。
(20)『全集』、第二巻、五九頁。
(21)同右、第五巻、三三五頁。
(22)年月不詳、同右、第二巻、三五一頁。
(23)『書簡集』、四五頁。
(24)『全集』、第一巻、三五七頁、明治一三年一一月二〇日、熊本での演説。

初出一覧

第一章　1　原題「教育研究における比較・国際教育学の役割」、『比較教育学研究』25、日本比較教育学会、一九九九年六月。

　　　　2　「アジアにおける教育改革の潮流」、『CS研レポート』、47、啓林館、二〇〇一年一二月。

第二章　1　原題「日本の教育における伝統的価値、そして未来」、国際シンポジウム『日仏教育学会年報』、第二号、日仏教育学会、一九九六年三月。

　　　　2　原題「日本の近代化と教育」、『教育と医学』、第二九巻第一号、教育と医学の会、一九八一年一月。

　　　　3　原題「学校の文化誌」、『教育学がわかる』、アエラ ムック、13、朝日新聞社、一九九六年四月。

　　　　4　同名、『世界と人口』、第一〇三号、家族計画国際協力財団、一九八二年七月。

第三章　原題「旅の教育誌」、『研究談叢　比較教育風俗』、第六号、比較教育風俗研究会、一九九七年四月。

第四章　同名、『研究談叢　比較教育風俗』、第九号、二〇〇五年三月。

第五章　「良寛から『老子』へ」、『研究談叢　比較教育風俗』、二〇〇〇年五月。

第六章　原題「二一世紀の教育――教育と教育学への展望」、Conference Papers, V.1, International Symposia, Shifts in Education Space & Teacher Education（早稲田大学の鈴木慎一教授による企画、開催。同大学での国際研究大会での発表要旨、二〇〇〇年三月）。

第七章　原題「西洋近代における旅と教育――旅行教育論の系譜――」、『教育学・心理学論叢』、京都女子大学、二〇〇一年三月。

第八章　原題「幕末期の幕府による留学生派遣」、『歴史と地理』、第五一七号、山川出版社、一九九八年九月。（「C・ランマン『在米日本人』、一八七二年」、「談叢　近代日本関係洋書」、京大人文科学研究所『人文学報』、第四八号、所収）。

第九章　原題「旅の人　新島襄」、『京都女子大学大学院文学研究科教育学専攻博士課程完成記念論文集』、京都女子大学、二〇〇〇年三月。

著者紹介
石附　実（いしづき　みのる）

1934年 新潟県に生まれる。1959年 京都大学教育学部卒業。
1965年 同大学大学院博士課程修了。1966〜68年 オーストラリア国立大学極東史研究所員。現在、京都女子大学教授、大阪市立大学名誉教授。教育学博士。専攻＝比較・国際教育学、近代日本比較教育文化史。

主著　『近代日本の海外留学史』（元版1972、中公文庫1992、中央公論社）。『国際化への教育』（1974、ミネルヴァ書房）。『西洋教育の発見』（1985、福村出版）。『教育博物館と明治の子ども』（1986、福村出版）。『日本の対外教育』（1989、東信堂）。『世界と出会う日本の教育』（1992、教育開発研究所）。『教育の比較文化誌』（1995、玉川大学出版部）。

編著　『ザ・ヤトイ　お雇い外国人の総合的研究』（共編、1987、思文閣出版）。『現代日本の教育と国際化』（共編、1988、福村出版）。『近代日本の学校文化誌』（1992、思文閣出版）。『比較・国際教育学』（1996、東信堂）。『オーストラリア・ニュージーランドの教育』（共編、2001、東信堂）。

訳書　『現代教育への挑戦』（共訳、1996、日本生産性本部）。『比較教育学と教育政策』（共訳、1977、南窓社）。『私塾』（共訳、1982、サイマル出版会）ほか。

Comparison and Travels on Education
by ISHIZUKI, Minoru

教育における比較と旅

2005年7月5日　　初　版　第1刷発行　　〔検印省略〕

＊定価は表紙に表示してあります

著者 © 石附 実　発行者　下田勝司　　印刷・製本　中央精版印刷

東京都文京区向丘1-20-6　郵便振替 00110-6-37828
〒113-0023　TEL (03)3818-5521㈹　FAX (03)3818-5514　発行所
E-Mail tk203444@fsinet.or.jp　株式会社 東信堂

Published by TOSHINDO PUBLISHING CO., LTD.
1-20-6, Mukougaoka, Bunkyo-ku, Tokyo, 113-0023, Japan
ISBN4-88713-625-0 C3037

東信堂

比較・国際教育学〔補正版〕	石附 実編	三五〇〇円
比較教育学の理論と方法	J・シュリーバー編著 馬越徹・今井重孝監訳	二八〇〇円
教育改革への提言集1～3	日本教育制度学会編	各二八〇〇円
世界の公教育と宗教	江原武一編著	五四二九円
世界の外国語教育政策—日本の外国語教育の再構築にむけて	大谷泰照 林 桂子他編著	六五七一円
アメリカの才能教育—多様な学習ニーズに応える特別支援	松村暢隆	二五〇〇円
アメリカの女性大学：危機の構造	坂本辰朗	二四〇〇円
アメリカ大学史とジェンダー	坂本辰朗	五四〇〇円
アメリカ教育史の中の女性たち—ジェンダー、高等教育、フェミニズム	坂本辰朗	三八〇〇円
教育は「国家」を救えるか—質・均等・選択の自由〔現代アメリカ教育1巻〕	今村令子	三五〇〇円
永遠の「双子の目標」—多文化共生の社会と教育〔現代アメリカ教育2巻〕	今村令子	二八〇〇円
アメリカのバイリンガル教育—新しい社会の構築をめざして	末藤美津子	三二〇〇円
ボストン公共放送局と市民教育—マサチューセッツ州産業エリートと大学の連携	赤堀正宜	四七〇〇円
21世紀にはばたくカナダの教育〔カナダの教育2〕	小林・関口・浪田他編著	二八〇〇円
現代英国の宗教教育と人格教育（PSE）	柴沼晶子 新井浅浩編著	五二〇〇円
ドイツの教育	天野正治 結城 忠 別府昭郎編著	四六〇〇円
21世紀を展望するフランス教育改革—一九八九年教育基本法の論理と展開	小林順子編	八六四〇円
フィリピンの公教育と宗教—成立と展開過程	市川 誠	五六〇〇円
社会主義中国における少数民族教育—「民族平等」理念の展開	小川佳万	四六〇〇円
中国の職業教育拡大政策—背景・実現過程・帰結	劉 文君	五〇四八円
東南アジア諸国の国民統合と教育—多民族社会における葛藤	村田翼夫編著	四四〇〇円
オーストラリア・ニュージーランドの教育	石附 実 笹森 健編	二八〇〇円

〒113-0023 東京都文京区向丘1—20—6 ☎03(3818)5521 FAX 03(3818)5514 振替 00110-6-37828
E-mail:tk203444@fsinet.or.jp

※定価：表示価格（本体）＋税

東信堂

グローバル化と知的様式—社会科学方法論についての七つのエッセー　J・ガルトゥング　矢澤修次郎・大重光太郎訳　二八〇〇円

現代資本制社会はマルクスを超えたか—マルクスと現代の社会理論　A・スウィンジウッド　矢澤修次郎　井上孝夫訳　四〇七八円

階級・ジェンダー・再生産—現代資本主義社会の存続メカニズム　橋本健二　三二〇〇円

現代日本の階級構造—理論・方法・計量分析　橋本健二　四五〇〇円

「伝統的ジェンダー観」の神話を超えて—アメリカ駐在員夫人の意識変容　山田礼子　三八〇〇円

現代社会と権威主義—フランクフルト学派権威論の再構成　保坂稔　三六〇〇円

共生社会とマイノリティへの支援—日本人ムスリマの社会的対応から　寺田貴美代　三六〇〇円

社会福祉とコミュニティ—共生・共同・ネットワーク　園田恭一編　三八〇〇円

現代環境問題論—理論と方法の再定置のために　井上孝夫　二三〇〇円

日本の環境保護運動　長谷敷夫　二五〇〇円

環境と国土の価値構造　桑子敏雄編　三五〇〇円

環境のための教育—批判的カリキュラム理論と環境教育　J・フィエン　石川聡子他訳　二三〇〇円

イギリスにおける住居管理—オクタヴィア・ヒルからサッチャーへ　中島明子　七四五三円

情報・メディア・教育の社会学—カルチュラル・スタディーズしてみませんか?　井口博充　二三〇〇円

BBCイギリス放送協会〔第二版〕—パブリック・サービス放送の伝統　簑葉信弘　二五〇〇円

サウンド・バイト：思考と感性が止まるとき—メディアの病理に教育は何ができるか　小田玲子　二五〇〇円

ホームレス ウーマン—知ってますか、わたしたちのこと　E・リーボウ　吉川徹・轟里香訳　三二〇〇円

タリーズ コーナー—黒人下層階級のエスノグラフィー　E・リーボウ　吉川徹監訳　松河美樹訳　二三〇〇円

〒113-0023　東京都文京区向丘1−20−6　☎03(3818)5521　FAX 03(3818)5514　振替 00110-6-37828
E-mail:tk203444@fsinet.or.jp

※定価：表示価格(本体)＋税